# 超限思维

王建平 著

江苏凤凰文艺出版社
JIANGSU PHOENIX LITERATURE AND ART PUBLISHING, LTD

**图书在版编目（CIP）数据**

超限思维 / 王建平著. — 南京：江苏凤凰文艺出版社，2019.10

ISBN 978-7-5594-2023-7

Ⅰ. ①超… Ⅱ. ①王… Ⅲ. ①思维方法 Ⅳ. ①B80

中国版本图书馆CIP数据核字(2019)第210807号

| | |
|---|---|
| 书　　名 | 超限思维 |
| 著　　者 | 王建平 |
| 责任编辑 | 孙金荣 |
| 策划编辑 | 勾　勾 |
| 特约编辑 | 王丽媛　杜玉华 |
| 责任校对 | 张婉宜 |
| 出版统筹 | 孙小野 |
| 封面设计 | 刘振东 |
| 出版发行 | 江苏凤凰文艺出版社 |
| 出版社地址 | 南京市中央路165号，邮编：210009 |
| 出版社网址 | http://www.jswenyi.com |
| 印　　刷 | 三河市金元印装有限公司 |
| 开　　本 | 880毫米×1230毫米 1/32 |
| 印　　张 | 7 |
| 字　　数 | 161千字 |
| 版　　次 | 2019年10月第1版 2019年10月第1次印刷 |
| 标准书号 | ISBN 978-7-5594-2023-7 |
| 定　　价 | 42.00元 |

## 序 I

# 写在前面

大学时候，我唯一挂红灯的科目叫作“陶渊明研究”。它甚至连选修课都算不上，仅仅是考查科目。但因为那位精神矍铄的老教授非常严格，所以我们每天都紧张兮兮地背诵着这位晋朝诗人的田园诗。之所以挂科，源于我在痛苦的背诵过程中想到了一个极其怪异的问题：这位千年前的诗人如果知道有一天，一批汉语言文学专业的学生为了得到毕业证书，不得已背诵着“采菊东篱下，悠然见南山”时，他该作何感想？

翻开他的著作，里面分明写着“好读书，不求甚解”之类的话，与所谓的“钻研学问”形成了对比。再看，这名诗人也不见得一直“悠然”，他明明是想当官而不可得，因为既想建功立业又不想面对官僚主义的世界根本不存在。又再看，这名诗人最后穷得连酒都没得喝，饥寒交迫活活被饿死。

但这一切，在所谓的“研究”当中都没有得到展现。换言之，一切抽象化、符号化、概念化且附带价值判断的学问都不能让我们深入诗人真正的内心世界，无法对诗人的喜怒哀乐产生共情。既然如此，我为什么要去做所谓的研究？这不分明是对诗人活生生的侮辱吗？

这个想法折磨了我很久，以至于我不得不找个朋友去倾诉苦恼。但他只是瞪大了惊奇的眼睛，对我说：“别扯淡，赶紧背去！据说这门课每年都有人不及格。”

那一刻，我发现果如鲁迅所言，人们的情感是不相通的。那些将我折磨得生不如死的想法对别人来说根本就算不上一件事儿！他们在意的只是生活策略而非精神指向。但转念一想，数千年前陶渊明辞了县令回家当农民时，大约也有人在背后偷偷议论："这家伙脑袋一定是秀逗了！"在陶渊明活活饿死时这些人也一定会说："你看，我当初怎么说的？被饿死了吧！"

除去才华不提，大约陶渊明于官场的不自由和我这位挂科生于学问的不自由有着共通之处：我们都承受着某种精神上的苦痛，而这种苦痛于大部分人来说是不存在的。

那么，这种精神苦痛最终是否有所指归？

•

多年以后，我在丹麦心理学家伊尔斯·桑德笔下看到了"高敏感人格[1]"这样的字眼，于是很快对号入座。但近十几年的生活经历，并没有让我感受到伊尔斯·桑德所说的高敏感人格的优势，相反，这种难以精确形容的精神苦痛不仅让我产生了更多的困惑，而且让我抑郁、焦虑、神经衰弱，并且伴随着一系列的恐惧症和强迫症。

精神病理学和心理学解决不了我精神苦闷这一问题。而这一问题随着神经症的发作，逐渐被掩埋至深处，直到今天。

---

1 高敏感人格：美国心理医生兼研究员伊莱恩·艾伦首次引入"高敏感型人格"这一概念，指神经高度敏感、共情能力强且拥有丰富内心世界的人。高敏感格不等于内向型人格，据统计，约 30% 的高度敏感者是社交活跃分子。

按照心理学家拉扎鲁斯[1]的理论，神经症的产生会存在一定的压力源，当然，比起大部分人来说，我的压力源似乎更为隐秘，不是因为我童年有什么可怕的经历，也不是因为我的原生家庭出了什么问题，而是——我猜测——我的思维方式和其他人不太一样。这种“异端”思维让我在大学时候挂了红灯，也让我进入社会后心力交瘁。

比如工作。自打成为当年班里“陶渊明研究”唯一一名挂科生后，我对所谓的学问已经深恶痛绝，毅然决然地放弃了象牙塔的生活，回到小县城工作。奇怪的是，无论在哪个岗位上，面对指标、面对考核、面对领导，我都感到无可言表的痛苦和压力。当我试图在家人面前表达这种痛苦时，老爸的那句话总让我哑口无言：“你看，别人也是这样干的！”

对，为什么别人和你一样干，就你如此痛苦？那问题一定出在你身上。

但是，我已经来不及细究所谓的问题，恐惧症和强迫症已经将我折磨得生不如死。我这里所讲的恐惧症，并不是指害怕坐电梯或公交车，强迫症也并非指走路非得走直线，或者必须得来回确认是否关紧了房门。事实上，恐惧症和强迫症像一对孪生姐妹，我会毫无缘由地害怕，那单纯是一种生理反应，心理学上称之为“恐慌发作”。但这种生理反应最终上升为强迫观念，像条毒蛇一样藏在我脑子里。对常人来说早就习以为常的事情，对我就是一个巨大的考验。比如孩子发烧了、邻居家吵架了，甚至马桶漏水了，对我来说不啻天

---

1 拉扎鲁斯：美国著名应激心理学家。他认为心理压力是个人感受到的要求与实际的不适应感，而压力应对则是个人试图控制这种不适应感所做出的动作。

塌了下来。与此相对的，我惊讶地发现自己伪装的能力极强，领导交办的事干得比谁都认真，不是为了升职或加薪，仅仅是为认真而认真（不应对别人的期待对我来说简直是不可能的）。内心有两个自我在逐渐地撕裂，一个是被神经症折磨得无路可走的我，一个是在令人厌恶的岗位上拼命努力的我，越想阻止，分裂的疼痛感越明显。我感到自己陷入了一个心理怪圈，身心早就不由自己控制，当恐惧来袭时，我恨不得立刻死去。每个深夜，我总是睁大眼睛看着漆黑的天花板，内心一遍一遍地重复着：救救我，不管是谁，请救救我……

但是，人类的情感是不相通的。

于是，29 岁那一年，我终于鼓起勇气走进医院的精神科（记住，不是心理科），开始填写 SDS（抑郁自评量表[1]）和 SAS（焦虑自评量表[2]），里面有许多的选项，比如是不是经常会有轻生的念头，让我好一阵踌躇。根据测量结果，我患上了轻度抑郁和中度焦虑。

原来如此！但这不是我早就知道的结果吗？医院只是确认了它们的存在。

“那么，怎么办呢？”我问医生。

“平时不要有太大的压力，注意放松。”医生说。

1 抑郁自评量表（SDS）：由美国杜克大学庄教授（William W.K.Zung）于 1965–1966 年开发，其特点是使用简便，并能相当直观地反映抑郁患者的主观感受及其在治疗中的变化。主要适用于具有抑郁症状的成年人，包括门诊及住院患者，但对严重迟缓症状的抑郁评定有困难。同时，SDS 对文化程度较低或智力水平稍差的人使用效果不佳。

2 焦虑自评量表（SAS）：与抑郁自评量表（SDS）相似，是一种分析病人主观症状的相当简便的临床工具。适用于具有焦虑症状的成年人，目前被国内外相关机构广泛采用。

“有什么药能治这种病？”

医生这才抬头看了我一眼。

“你这种程度还不需要吃药，毕竟是药三分毒，开点助睡眠的中药给你如何？”

我木讷地点点头，提了一大袋帮助睡眠和肠胃消化的中药回家了。到家后，我甚至不敢将这个结果告诉家人，更别提单位的领导。

•

医生认为我无须吃药，大概是凭那两张测量表得出的结论。但测量表体现不出我的痛苦，这和教授研究陶渊明估计是一回事。事实上，后来我了解到，神经症这种疾病虽然有许多医院能够救治，但成功率并不高，其原因就是神经症极其特殊，医生和病人自上而下的关系对病症的治疗毫无作用。像森田正马[1]、克莱尔·威克斯[2]这些专家之所以有一套较好的办法，是因为他们本身就经历过重度神经症的痛苦，所谓病人医病人，就是这个道理。

在没有任何心理学和神经科学知识的背景下，我企图寻找神经症发作的深层次原因。这是一个非常简单的逻辑：只要揪出原因，改变它、消灭它，这些该死的症状应该就会迅速消失。

1 森田正马：森田疗法的创始人。著有《神经衰弱和强迫观念的根治法》《自觉和领悟之路》《森田正马自传——我的神经质疗法的成功历程》《神经症的实质与治疗》等。

2 克莱尔·威克斯：英国著名心理学家，神经学科医生。著有《精神焦虑症的自救》。

最终我得出一个结论：我所在的环境完全不能给自己带来任何成就感和价值感。

也就是说，只要改变环境，做自己想做的事，过上自由的生活，估计情况就会有所改善。问题在于，我不是陶渊明，面对贫寒的家境，面对父母的期望（你看，又是期望），根本没有选择的自由。我曾认为我只是缺乏勇气，并为此深深鄙视自己。我试图做出一个完美的方案，既不辜负父母、能养家，又能改变环境。但鱼和熊掌不可兼得，世间没有这样的“两全法”。发现这一点后，我的焦虑情绪更加严重，思来想去，我发现自己之所以改变不了环境，并不是环境本身的问题，而是我缺乏意志力。如果我的意志力能够再强一些，对自己更狠一些，就一定能成功。我列了无数的计划，案头上摆满了卡耐基、拿破仑·希尔以及许多成功学作家的书。按照他们的理论，人生就是这么简单：制订目标，按照目标行动，最终目标达成。初期，这些书似乎让我充满了力量，但这股能量像兴奋剂一样很快被耗尽。于是我又妄图靠吸引力法则和宇宙能量来改变自己，病急乱投医，我开始听信那些玄之又玄的理论。这一切不仅没让我的恐惧症和强迫症有所改善，反而使之越来越严重。我一旦从那些理论中摆脱出来，投入现实生活中，一切都不会有任何变化：宇宙还是那个宇宙，我还是那个我。最后，我不仅失眠，体重迅速下降（最低时连 50 公斤都不到），还得了急性肠胃炎，肚子时不时刀绞一般地疼痛。

每当我走在街上，看着行人欢声笑语时，总是自问：为什么只有我的生活会过得如此灰暗？而当我这样自问时，时间又过去了四五年。我还没做任何改变，青春就已经悄然溜走了。

•

以前我一直认为自己是个失败者，有数百个理由能够让我去死，但活下来的理由无非是父母尚在，孩子还小。只是以这种理由生活，也仅仅是活着而已。当然，最绝妙的理由还有一个：本人比较怕死（毕竟我得的只是轻度抑郁症）。有时候我很羡慕一些人，他们能够全身心地投入到功利当中，紧紧抓住自己的利益不放。他们在生活策略中乐此不疲，而我却试图寻找一切事件背后的意义所在。

直至有一次我无意中读到一句话：人生充满苦难。

这句话出自美国作家斯科特·派克的《少有人走的路》一书。对我来说，它不亚于一声惊雷。斯科特·派克这句话的要义是：人生的苦难无法逃避，苦难本身就是人生的要义，因此，痛苦才是正常的人生姿态。

在这句话的启发下，我开始思考“自我认知”和“思维结构”对人的影响，并且惊讶地发现，让一个人痛苦的原因绝不单纯，这个世界对我们不友善的同时，我们自身也成了帮凶。我第一次发现了一个明显的事实：被恐惧症和强迫症折磨了那么多年的我竟然还活着，这本身是一件多么了不起的事情！我非但没有给自己任何褒奖，还一直施以冷眼、嘲讽，用各种方式表达对自己的失望和厌恶之情，这是多么大的罪过！

为了整理这一切，我早年写下了文章合集《请珍爱这样的自己——一个抑郁症患者的内心独白》。没有想到的是，这本原本只是为了记录自己感悟的书竟然引起了很多人的共鸣。原来，承受精神苦闷的人并不只我一个，那不是单纯的神经症和抑郁症所能囊括的内容，我寻找了那么多年，竟然在释放自己时得到了回应。对我来说，这是多么大的恩惠！

遗憾的是，当初我只把自己当成唯一的读者，所以内容比较零乱。如果我把这些感悟梳理一遍，让它更成体系，是不是也能帮助那些曾经像我一样在黑夜中睁着眼睛求救的人呢？

这就是我写这本书的理由！

2018 年 12 月 10 日于云和

# 序 II

## 写给被抑郁、焦虑和恐惧折磨的人们

痛苦是唯一的高贵之宝，现世和地狱决不能加以侵蚀。

——《恶之花》

这封信写给像我这样的人，对，就是你，一个被抑郁、焦虑和恐惧长期折磨的人。这么多年以来，你被隔离在精神意义的孤岛上，大部分时间都在痛苦、疑惑和不安中挣扎，既想求救，又试图不让任何人看出端倪。这是一场关于你的完全看不见硝烟的战争，你既是战士也是逃兵，既是盟友也是敌人，你在战场上呼喊、厮杀、反抗，又在战场上逃避、求救和屈服。你急切地希求有人能走近你、了解你，接纳你的恐惧，满足你的安全感，同时又将嘴锁得紧紧的，绝不让人知道你内心荒芜的一面，因为你觉得他们伤害你的可能性更大。关于这一点，你似乎能举出很多的例子。于是你一个人，只有一个人，从醒来到入睡，每分每秒，都在抑郁中对抗抑郁，在焦虑中平复焦虑，哪怕你不知道这种状态何时是尽头，依然试图就这样一个人抗争到底。

现在，你看到了我这封信。知道这意味着什么吗？它既意味着这世界上至少还有一个人和你一样在挣扎，在解构，在观察，在探索，你可以在这本书里看见他所有思考和探索的内容，同时更意味着另一件重要的事：你还活着。一个被抑郁、焦虑和恐惧折磨许久，无法倾诉，无法摆脱，单纯靠着隐忍活到今天的人，绝对是一个了不起的人。为了这份隐忍，我想对你说：你辛苦了！

你兴许有无数个值得感到幸福的理由，承受的压力表面上也和别人并无二致，一切都如此平常，周围没有饥荒，没有动乱，你不需要担心下一顿吃什么，不需要担心冬天有无温暖的衣服，理应感到快乐才是。然而快乐并不是我们能自主选择的选项。不知何时起，抑郁和焦虑由内而外吞噬你的神经，你能感觉到它们在体内如暴徒般肆虐，明明内心已经满目疮痍，却“找不出理由”或者“明明知道理由却无法描述”。似乎有什么阻碍了你的表达，你找不到任何明显的证据去证明自己“可以焦虑”。你能够明确知道的是：大概你早就忘了开怀大笑是怎样的情景。你的父母、你的爱人、你的孩子明明就在眼前，却如同远在天边。你没法像一位普通的母亲或父亲那样去拥抱孩子，也无法像个正常的恋人那样给对方温暖。或者你现在根本没有能够去爱的对象，你和周围的人谨慎地保持着距离，每一次有人靠近都能让你回忆起上一次的伤害。你会绝望地发现，多年来与抑郁、焦虑和恐惧的相处，让你已经渐渐失去了爱的能力。

但你还活着。

也许你会质疑自己，我真的还活着吗？我不过是在呼吸，我的心灵无可置疑地沉溺于麻木之中，我几乎对每一个人都保持着不信任感，而这种不信任感总是不时地得到证明；我只不过像陀螺一样为了生活而忙碌，忙碌而空虚，在空虚之间又充塞着希望的有无、爱与欲的幻想、善与恶的交锋。我这样真的能算活着吗？我不去死也许仅仅是因为缺乏勇气而已！

然而让我们痛苦的恰恰不是麻木，而是敏感。我不知道敏感算不算一种天性，或者它始发于你的原生家庭，你拥有一个脾气暴躁的父亲和一个把自我牺牲当成筹码的母亲，善于察言观色不过是你自我保护的本能；或者它原本是你领悟这个世界的能力，让你拥有无比丰富的内心世界，只是如今敏感成了抑郁、焦虑和恐惧的帮凶。伊尔斯·桑德在《高敏感是种天赋》一书中说，有 30% 的人属于高敏感人格。也就是说，你我都属于这 30% 的范畴当中，这算不算是一种安慰？

我们是那么缺乏安全感，陌生的环境、突如其来的变故都能让我们茫然失措，一个冷漠的表情、一句伤人的话，都能让我们如陷冰窖。为了这可怜的安全感，我们拼命去追求别人的认可，哪怕违背自己的意愿，哪怕有损自己的利益，哪怕对方根本算不上一个我们喜欢的人。我们像着了魔一样附和别人，不敢表明自己的主张，除了抑制自己的想法和欲望，再也想不到其他办法求取自我与环境的平衡。我们为了一件完全不喜欢的事而努力，心力交瘁，觉察不了自己这样做到底有何目的。与此相对比，在所爱的人身上，我们却往往控制不住自己的负面情绪，越是亲密越会伤害，仿佛这是一个永远打不开的死结。独自一个人时，我们也会扪心自问：为什么我会成为这样的人？内疚和自责像潮水一般淹没了我们，我们不断地审视自身，用一切严苛的语言去责骂自己：是的，我恨透了你，你所做的一切都让我鄙视，我不愿意你在别人面前唯唯诺诺，不愿意你在爱人面前吹毛求疵，不愿意你被一件小事吓得瑟瑟发抖，我不愿意，你就是我最不愿意看见的。

这封信就是写给这样的你的。写这封信的人曾经也是这样对待他自己，但如今他不是在寻找某个相似的影子，而是他知道了宽容自己、接纳自己、珍爱自己对一个受尽折磨的人来说是何等的珍贵。

除了你，还有谁更珍惜你自己？哪怕是爱人，也会因为你的喜怒无常而离开。唯有你是你永远的包袱，但反过来，你也是你永远的同伴。当我们接纳不了自己，随着安全感的丧失，内心就会幼稚化，就会像个孩子一般去寻求依靠，为了取得别人的认同去做违背意愿的事。可悲的是，无论你怎样努力，都无法轻易在别人身上得到认同，不是因为你不优秀，不，有时候恰恰是因为你过于优秀过于努力，反而会遭到妒忌和排挤。退一步说，即使所有的人都真诚地认为你优秀，你也得不到预想中的安全感，因为努力、优秀和安全感本身并没有直接关系，这正如拥有美貌的女生不见得就拥有自信，一大堆追求者只会让她陷入惶恐和质疑当中。通过别人的认可去增强安全感，本就是南辕北辙的行为。

没有安全感，是因为你害怕这个不可预测的世界总是苦难无边。你像坐在一辆快速飞驰的过山车中，总觉得它马上会出一场事故，而你没有任何办法，只能干着急。这种失控的感觉引发了你的焦虑，剥夺了你的安全感，以至于你想控制一切的欲望越来越强。但请你睁开眼睛看一看这个世界，它到处充满了苦难，苦难是它永远的底色，苦难并不由你控制。当你早上醒来想耸身一摇将所有的不快抖落于地时，有没有看清这一点？一旦你来到这个世界，苦难就会如影随形，旧的去了，新的会来。你所渴求的完美从来没有实现过，亦没有其他人实现过，你以为你来这个世上是为了追求快乐和幸福，但那不是真相，你到这个世上是来受苦的。受苦才是你的常态。

你想别过脸去不承认吗？你想告诉我这个世界还存在着许多美好的事物，只是你没有机会接触吗？你想证明其他人是快乐的、是无忧无虑的、是乐观开朗的，而你们竟然处在同一世界中？你所有的证明最终的指归又是什么？是这世界真的有某种能够通往快乐的途径，别人唾手可得而你没有找到？不，你所有的痛苦都源于接受不了“世界充满苦难，你不能幸免”这一事实。你在逼自己完成一项永远不可能完成的任务。

请你紧紧地抓住这一点，抽离开来，质疑自己所有的思维，然后再去观察这一切：你，真的是你所了解的人吗？

你是因为焦虑而感到不安全还是因为不安全才感到焦虑？

你承受的焦虑本身有实体还是原本就是虚幻？

你想紧紧抓住的是进取心还是控制欲？

你的思维是怎样形成的，它是否真的能够代表你？

你所谓的“你”到底是谁？

观察自己，观察那个想要在不安全的旋涡中抓住一根救命稻草的你。为了摆脱那种不安全感，你会做些什么？是拼命地想证明你可以毫无保留地爱一个人并且为他付出所有，还是拼命想证明你能够通过追求财富和权力或者类似的东西以证明你的存在有价值？或者，退一步，你想证明自己可以通过不再接触别人，一个人好好活下去？

控制欲是多么可怕的东西。它时而让我们放弃一切去顺从一个人，时而让我们像根刺一样去伤害一个人；时而让我们成为一个工作狂，时而让我们成为离群索居的孤独者。我们像钟摆一样从一个极端跑到另一个极端，却不知道我们之所以如此摇摆仅仅是因为想要抓住一件确凿无疑存在却难以描述的东西，比如对爱的渴求、守卫自尊以及全面的自控。但我更倾向于把它称为缺乏安全感。

因为缺乏安全感，我们必须去证明自己。一旦我们无法通过外界的评定来证明自己的存在是被他人需要的、是足以让自己自豪的，焦虑就会占据身心。那个在社交场合高谈阔论的你和那个在独处时自哀自怜的你其实是同一个人，那个恃才傲物试图看淡一切的你和那个在职场上忙忙碌碌任凭别人把任务推给自己的你也绝不是两种人格，你在“自恋”与“自厌”之间轮番转换角色，你在不断分裂，你做不到和谐统一，内心有无数个疑问但从来不会有什么确凿的答案出现。

请再次观察自己，行为模式的矛盾不过是思维矛盾的表现而已。但思维能够代表你吗？当你每天涌现出一大堆令自己恐惧的想法时，那些想法能够代表你吗？当你被这些想法控制，在行为上表现出让自己失望的一面时，这种行为能够代表你吗？

那么，现在读这封信的人又是谁？

你想要拥有一种稳定的状态，落落大方、临危不惧、游刃有余，你想要摆出一种超然的姿态，笑看尘世、恬淡素净、轻松自在。这种完美的形象在脑海中不断构建，面对这样的自画像，你甚至拒绝承认眼下的自己已经尽力了。不，还不够！之所以没有达到目标，是因为你还不够努力，你应该对自己更狠一点儿，因为只有更狠，将来的你才会感谢现在的自己。于是你一次次地准备行动，一次次以失败告终，总有一股力量将你拖回原点。你不断反省，深刻剖析，对，问题还是出在自己身上，一定是你意志力太薄弱，一定是你自控力不够强，一定是你拖延症犯了。每个所谓的成功人士都在一本正经地告诉你：要逼迫自己，要有危机意识，哪一个成功的人士不是忍别人所不能忍，做别人所不能做？但是你的内心越来越不安，你总是恐惧地想到，也许你根本没有实现“自我目标”的那一天。你想办法逃避这种恐惧感，绝不想承认自己一辈子只能在这样的环境、这样的状态中度过。但越是逃避，恐惧的感觉就越强烈，尤其是当你意识到自己年岁渐长、青春逝去时，理想的幻灭感像死神一样跟随你，工作的压力、感情的失意、人情的冷暖，处处都在提醒你现实的不如意，这种不如意感刺痛你、折磨你，你开始回望之前挣扎的历程，惊讶地发现自己完全没有变得好一些，就像小白鼠徒劳无功地在笼子里跑轮。

你没有意识到一个奇怪的事实：连自己都认可不了自己的人，何以有自信去求取别人的认可？或者，所有的根源在于，你之所以没有安全感，之所以拼命追求所谓的明天，之所以想通过顺从或额外的表现来取得别人的认同，恰恰是你完全认同不了自己？你总是通过行为去判定结果，却不知道相同的行为背后却有完全不同的含义，你以为你想要追求的是美好的明天，是真正的幸福和快乐，但和别人不一样的是，你所有的行为并非出于对未来强烈的期待感，你只是过于厌倦和害怕当下。你从来没有为真正变得强大而努力，只是一心想要改造眼前这个处处表现糟糕的自己。看似励志的行为，本质上其实是一种逃避。

如果现在你放下这封信，去镜子前照照自己，就会发现这个事实早已存在。你可知道，发现这个事实花了我数十年的时间？我折腾半生最后才知道，当下这个不完美的自己才是最值得被珍惜的。

这个意义远超于那些心灵鸡汤所说的“要活在当下”。不，这由不得你选择。你只能活在当下，你只拥有唯一一个自己。虚幻的未来被描写得越美丽，越意味着你对当下有多嫌弃。可是，你对自己的评价并不公平，你所见的自己大都是错误的偏执的聚焦，极不全面。你只看到那个不完美的自己，却忘记这个世界本身就是不完美的，过去是，现在是，将来也是。

在不完美的世界中执着地活下去的那个人就是你。

把外界的苦难化为内心的苦难，负重前行的那个人就是你。

摔倒一千次一万次还是想要改变自我的那个人就是你。

每天被现实刺痛，不屈服于感官欲望，在内心世界不断拷问灵魂的那个人就是你。

不然，你怎么会捧起我这本书？我不是心理治疗师更不是精神分析专家，当然也不会是所谓的情感治愈人士。我绝不会这样告诉你们：我已经治好了抑郁，现在我是一个正常人，你如果按照我书里说的去做，也能快乐起来。不，我绝不做这样的贩卖。我也绝不会告诉你：要和抑郁、焦虑这些情绪好好相处，每天醒来对它们说：你好，抑郁；你好，恐惧；你好，朋友们。不，我绝不做这样徒劳无功的暗示。非得给我贴一个标签的话，也许我是一位同行者。我们一起来观察自己，观察世界，只有承认它们的真实性，改变认知才有意义。对，这就是我们要一起做的事。不仅在书中，也可以在书外。

虽然我在本书中把长期陷入抑郁、焦虑和恐惧的人称为神经症患者，但它绝不是标签，不过是一种称呼上的便利。所有的精神分析都表明，神经症的复杂性不是由身体的某种器质性病变引起，也不会引起任何器质性病变。哪怕你为此去看心理医生或精神科医生也不代表它只是你个人的问题。神经症的全部意义在于态度本身，即你如何认知这个世界，如何认知你自己。你会知道，所有的神经症都和你身处的时代和环境有关，是你和环境、你和你之间相互改造的过程。如果你期待某天醒来，动了动身子，突然叫道："啊，该死的抑郁症没有了。"那你赶紧把这本书给扔了。如果你做好了重新审视自己的准备，不再把神经症当成一种病症，不再把你自己当成一个无药可救的病人，那么就让我们来一场用特殊的思辨作为工具的旅行。

最后改用一下著名精神分析家克莱尔·威克斯的一句话作为这封信的结语：不是这辈子不再产生焦虑，而是如果哪天焦虑来了你也觉得无所谓，觉得焦虑的产生是一件正常的事，你的神经症就治愈了。

祝我们一路顺风。

# 目录

contents

# 1 现实际遇
# 没人关心我们是否与毒蛇共处一室

卡伦·霍妮

只有不了解心理学的人才会因为成

功之后依然有不安全感而感到诧异。

抑郁症之所以受到关注，绝不是因为症状本身，它不过是一种荒谬的结果论。也就是说，**大部分人所谓的关注，只是对抑郁症能够导致患者自杀这件事感到好奇而已。**对没有患过抑郁症且体质不敏感的“正常人”来说，一个身体完好的家伙出于某种精神原因，毫无理由地爬到高楼往下跳，这无疑是一件令人琢磨不透的事。但暴露好奇心会显得自己过于冷血，所以我们一般使用“关注”这个词。

**真正**关注抑郁症的人是不多的，除非他（她）或他（她）身边的人有这样的症状且给他（她）带来了极大的困扰。人们关注某一件事都基于共情效应，核心还是关心自己，这也是人类群体的心理特点，倒也不需要非得用冷漠自私来形容人心。每次媒体曝光哪位明星因抑郁症自杀，网络就会涌起一阵讨论的热潮，市面上关于抑郁症治疗的书轮番上阵，却往往有插科打诨之嫌，似乎人人都很关心抑郁症，但这种讨论不过是孤立的浪花，最后总会平息，人们的眼球早就被另外的事件吸引过去了——网络上总是不缺乏吸引眼球的事件。

如果说明星的自杀只能引起一阵浪花，普通人患上抑郁症又会如何?

事实上，当我公开自己曾经患有抑郁症这件事时，就有一些人心存怀疑，毕竟这年头连患抑郁症都有制造噱头之嫌。最实际的境遇是，当你告诉某人自己得了抑郁症，对方往往拍拍你的肩膀：“不会的，你就是想太多了。”

类似的语句还有：想开些，过了就没事了。你可能最近太累了。

最具杀伤力的语句是：坚强一点，还有多大的事儿？

我那本关于抑郁症的书底下的评论也不乏这样的声音：你就是自怨自艾……生病的人没资格评论世界……

不仅抑郁症，其实任何神经症患者都会遭遇这样的情况。当你接到一个任务，恐慌发作，领导绝对不会说：“哦，原来你得了神经症，没关系，坐下来，好好休息，任务就由我自己来干吧。”当你遇见陌生人或者情绪一激动就脸红，说不出话，对方也不会说：“哦，对不起，原来你是赤脸症，我知道其实你不是害羞，没关系，我不介意。”

我们就是这群最需要帮助但也最不可能得到帮助的人。如果一个人公开自己的症状，极有可能要接受别人的戴着有色眼镜的眼光，仿佛患上抑郁症和神经症是一件羞耻的事。所以，大部分患者在身边难以找到支撑。即使是亲人，也不一定能够忍受患者的喜怒无常，因为精神病或神经症而离婚的例子比比皆是。从心理学的角度讲，神经症患者往往神经高度敏感，非常在意自己在别人眼中的形象，不可能在陌生人面前暴露自己。这股被压抑的能量总归得有个去处，所以家人会成为患者情绪发泄的目标，他们不是想伤害家人，不过是对家人没有铺设心理防线而已。但患者很快就会绝望地发现，即使是家人，也不能忍受他们的负面情绪肆意泛滥。今年听一位教授讲课，他非常直白地说：“当你患上这些疾病，除了自己的亲妈，没人能够忍受和你在一起。”

话虽无情，但恐怕也是事实。

•

医院是抑郁症和神经症患者想要寻求帮助的第一选择，但除了一二线城市，像我所处的小县城，根本没有这样的医疗资源。即使是大城市，有相对应的资源，也不敢保证能够药到病除——因为神经症患者不一定知道自己得了病。某些神经症患者表现出来的只是身体的症状，比如胸闷、腹痛、头晕、浑身无力等，他们会花好多年的时间去检查身体、看无数的医生、吃各种药，却不会想到这些症状和神经症有关。现代医疗细分越来越严重，医生只会依据各类检查结果来给出生理上的结论，最终导致患者因病因不明自暴自弃。

即使神经症患者找对了治疗科室，也不见得就有相应的治疗效果。神经类和精神类疾病发病原因极其复杂，表现也全然不同，有焦虑症、恐惧症、强迫症、狂躁症等，不少还是多症并发，难以精准确定。治疗药物也是五花八门，并不见得每一种都适合每一个人。而且抗抑郁药物也具有一定的副作用。根据美国 FDA（食品药品管理局）调查，譬如“百优解[1]”这种抗抑郁药物，据说在服用初期反而会增加病人的自杀概率。就算短期内有了疗效，其复发率也高到令人震惊。《中国抑郁障碍防治指南》，研究显示，患者一旦停药，抑郁症复发率可达 80%。

同时，这类病症的治疗周期并不短，需要患者和医生之间配合度

---

1 百优解：英文名为 Prozac，正式的中文通用名为盐酸西汀，商品名为百优解，主要用于治疗抑郁症，是唯一一种获准用于治疗儿童抑郁症的抑郁药。不过 FDA 对包括 10 万名患者在内的 372 项研究进行了整体评估：18-25 岁的成年人以及儿童，在使用百优解等抗抑郁药物后自杀思想和行为风险明显增加。

较高，有些甚至需要数年、数十年的长期观察。比如森田正马先生，就把自己的家当成了医院，让病人在其间生活，住院时间至少两个月，刚开始几天要求病人躺在床上什么都不能做。出于生存压力考虑，除非是严重到一定程度，否则很少有人会选择因为神经症住院。如果选择门诊就医，往返的成本先不提，患者本身已经处于精神虚弱状态，很难坚持。在医患配合这个问题上，神经症和抑郁症患者的表现和其他病症完全不同，他们会本能地和医生玩起游戏，甚至否认自己有病，神经症患者会絮絮叨叨和医生聊其他无关的话题，而重度抑郁症患者往往难以沟通交流。

即使以上条件全部具备，神经症的治疗疗效也不稳定。在社会缺乏共识的情况下，很少有患者能够以神经症等理由获得长期的治疗假期。也就是说，让这类患者去就医说起来容易，实施起来非常困难。于是，更多的患者选择默默忍受，因为这类病症没有任何器质性病理特征，在常人看来就是精神苦闷、情绪低落而已。身体没病，在国人眼里就是健康的表现，想做其他的全是奢望。正由于如此，我们没法统计这类人究竟占了多大比例，但毋庸置疑，大部分人正伪装成正常人，在我们身边走来走去。我也是其中之一。

•

排除医院这个选项后，我们还有两条路可走，一是寻求精神上的皈依，二是寻求书本知识，以此自救。寻找信仰是许多精神苦闷者的选择，甚至是像我这样被无神论浸染多年的人也曾在很长一段时间里开始思考信仰问题。真的有作用吗？答案是因人而异的。我们必须承认，不少人在皈依某种信仰后内心的冲突得到了缓解，同时恐惧和焦虑的情绪因有所依托而逐步改善。从更高层次来分析，他们打破了精神世界的藩篱，许多形而上的思想在信仰层面得到了释疑，哪怕这种释疑和真相不一致，也无碍于他们转变自身的思维结构。打破固有的思维结构对神经症乃至日常的精神苦闷具有关键性的作用。按他们的话说，他们重新找到了做人的方向。比如缅甸著名的禅师葛印卡[1]，年轻时候是个富翁，但患有严重的因神经症导致的偏头痛，所有医生都束手无策，直到他接触佛教，最终被治愈。

但是，对信仰的治愈作用，我们必须要有清醒的认识。有人认为，中国之所以焦虑和抑郁的人越来越多，核心原因是缺乏信仰。这话是典型的以偏概全，不得要领。他们恐怕不曾料到，西方很多修女都患有神经症。神经症可分为两个层面来解释，一是生理层面，二是心理层面。从心理层面上说，修女之所以会患上神经症，并不是因为没有信仰，而是源于信仰和内心的冲突。心理学家卡伦·霍妮[2]把我们的精神痛苦归为内心冲突的产物，并不是没有道理。一旦这种冲突达到极限，我们就不能在信仰中感受到爱与慈悲，恰恰相反，我们会发现自己永远达不到信仰客体所提出的要求，比如我们再怎样都去除不了憎意以及人本能的欲望。神经症患者对自我要求非常严苛，总是每时每刻都在进行自我反省。于是，我们每天都能发现内心藏着的罪恶念头，我们忏悔，甚至试图通过极端的自虐方式消除那些可怕的念头，

1 葛印卡：东南亚内观法门大师。他认为，内观无宗派之分，适合不同宗教信仰和无宗教信仰的人士。葛印卡承认师承佛陀正法，但自己从来不传佛教或任何“主义”，只注重于人本身的修养提升。

2 卡伦·霍妮：美国心理学家和精神病学家，精神分析学说中新弗洛伊德主义的主要代表人物，是社会心理学的最早的倡导者之一。

但没用，因为这种念头就是恶魔本身。这时候，信仰反而成为神经症的一个诱因了。

另外，寻找信仰不是吃饭逛市场，它本身必须要有足够的代入感，对神经症患者来说尤为如此。所谓代入感，就是你必须是**真的信仰它**，而不是形式上的追随。形式主义是神经症患者的大敌，它能极大地消耗我们的精力，并随之产生愧疚感。要取得心理上的认同，这是首要条件。从这点上说，知识结构越松散、文化水平越低的人，反而越容易接受某种信仰。相反，经过大量知识刺激的人是不容易完成这个转变的，不幸的是，偏偏这类人在精神苦闷者中占比最高。事实上，这类人往往工作能力极强，在各行各业中能够做出一定的成就，在别人的眼中，他们是极具责任心的人。森田正马就曾经表扬过神经症患者，说他们是这世界最勇敢的人。这不是溢美之词，是事实！**如果他们能够学会得过且过，不去追求完美，不去追究意义所在，不害怕辜负别人，不害怕别人厌恶自己，恐怕就不会得神经症**。面对神经症，这类人能够在沉默中煎熬数年甚至数十年，硬是不让别人看出来，没有极大的毅力是做不到的。但神经症患者根本意识不到这一点，有时候他们甚至为无法自我欺骗而感到悲哀。

•

如果我们无法做到精神皈依，只能转头寻求另外的帮助，即寻找专家的言论或书本上的理论知识，借此自救。看书有帮助吗？当然有！不过，前提是书本上的知识和我们所要寻求的内容相契合，具有一定的指导性和操作性，否则，它只会让我们走更多的弯路，甚至会进一步加剧内心的冲突，困在各种理论中难以解脱。

目前，市面上关于抑郁症和神经症以及日常心理疏导的书非常多，而且极为杂乱，可谓鱼龙混杂，而且鱼多龙少。当精神苦闷原因未明、对抑郁症和神经症没有基本的了解时，我们首先会本能地选择那些表面上看起来能够让我们振作精神的书。**这正如一个不会游泳的人在溺水时会拼命挣扎，却不知胡乱挣扎本身却增加了死亡的可能性，这类书对我们这类情绪敏感的人是非常危险的**。如果一个人认为自己精神苦闷的原因是环境问题（像我一样），而之所以遭遇这样的环境完全是自己无能或懒惰导致，就会想办法去提升自己的意志力和行动力，从而达到改变环境的目的。试想一下，你每天去上班就和受罪一样，做着不想做的事，接触着不想接触的人，工作压力和对工作的厌恶程度成正比，忙碌到连喘息的机会都没有，却不知道为什么而忙碌，像一台机器一样停不下来，我们的第一反应难道不是逃离现场吗？精神敏感者往往具有不善于交际的倾向，在职场上工作能力出色却极容易陷入被动，而且，关键在于他们虽然埋头苦干却讨好不了任何人。所以，成功励志类的书会在第一时间吸引他们。

这类书将我们的人生价值用成功来定义，所举的例子无非是国内外成功人士的事迹，更可笑的是，他们竟然认为，成功完全可以通过复制而获得。比如说，李嘉诚是早上四点就起床的，粗略一统计，好像许多成功人士都起床较早，所以如果你也能起床较早（最好也四点钟起床），你也会优秀；比如说，他们会语重心长地告诉你，那些比你优秀的人现在比你还努力，让你如坐针毡，惭愧得不得了。事实上，我们从来没有看清楚一个事实：这世界上成功的人永远是少数，过去如此，将来肯定也是如此。每个人都想成功，这是人的本性，但成功的标准究竟由谁定义？许多人拥有财富的同时也拥有了焦虑，连马云都很怀念自己曾经教书的日子。许多人都认为自己之所以不自由，主要是缺钱，有了钱什么都能解决。当然，钱如果是从天上掉下来的，这一逻辑或者能成立，但成功学最可怕的逻辑就是让我们看到了许多“马云”和“比尔·盖茨”（姑且不管他们是否苦闷），却不让我们知道有更多的“马云”如何死在创业的路上。把缺钱作为精神苦闷的理由，不是钱本身的问题，而是一个人知识结构和思维深度的问题。成功学正是利用这类人群简单粗暴的欲望，成功地编织了幻象。

如果说一个正常人在获取大量财富后也可能会焦虑，钱不足以成为我们奋不顾身杀出一条血路的理由，那么作为一个原本就情绪敏感的人，要按照成功学的方向去实践，这本身就是飞蛾扑火。本人对赚钱没什么意见，绝非心灵鸡汤里讲的钱换不来真心之类论调的拥护者，相反，将来的社会也许会进一步拉大贫穷和富有的差距。我的意思是，拿追求成功去治疗神经症，这是缘木求鱼的做法。如果我们本身已经陷在焦虑、抑郁和恐惧中不能自拔，就不具备进一步承受压力的条件。如果你身体不适时，有人忽悠你说参加一场马拉松就能治好病，你信吗?

除去成功学，几年前还流行心灵鸡汤。喝几碗“鸡汤”于身体自然无碍，但也不会有任何实质性的帮助。原因很简单，“鸡汤”毫无逻辑可言，经不起任何推敲，也不可能有任何操作性。但“鸡汤”之所以对许多精神苦闷者有吸引力，是因为写作者善于用温情脉脉的笔法写出一大段废话，让你在阅读时产生了一定的情感共鸣。

且让我随手抄下几句：

> 努力做一个温暖的人，不求大富大贵，只求生活简

单快乐。过往不恋，未来不迎，当下不负，如此安好。

……

据说，每个降临这个世界的人都自带粮草和地图，会迷途都是因为陷在眼前的一亩三分地，那些去看世界的人脚下一直有远方。

……

人生就是一个磨炼的过程，如果没有这些酸甜苦辣，我们永远都不会成熟。所以，应该在阳光下灿烂，在风雨中奔跑，对自己说一声：昨天挺好，今天很好，明天会更好！人生就像一支铅笔，开始很尖，经历多了就会圆滑，承受不住就会断掉。所以别去抱怨你经历的种种，学会承受，学会坚持，就能在白纸上画出美丽的风景，有坚持就有收获！

……

是不是讲得非常有道理？会不会让我们从心头发出一句“是啊，还真是这么一回事啊”之类的感慨？

当你入睡前读这些语句的时候，也许心里会想着“从明天开始，我一定要活得更简单一点，对人要更暖心一些”？

但对不起，明天醒来，你还是那个你，依旧还是那个焦虑、恐惧的灵魂。

**观念决定行为，我们如果没有一套科学的方法，跳出固有观念的概率几乎为零。**心灵鸡汤不是方法论，也不具备任何体系，总结起来它仅仅是三个“要”：要放下，要简单，要岁月静好。偏偏这三个“要”

正是许多精神苦闷者心之向往。让我以第一句话为例子，拿起手术刀来解剖一下：

努力做一个温暖的人，（什么是温暖？为什么要温暖？怎样才能温暖？）不求大富大贵，只求生活简单快乐。（简单快乐能求得来吗？问题在于哪怕我是个穷光蛋，但也并不简单快乐！生活并不是这样非此即彼的关系。我们的问题在于念头非常杂乱，情况非常复杂，请告诉我怎样才能简单一点。）过往不恋，未来不迎，当下不负，如此安好。（这十六个字核心的意思就是放下，若都能放下，那就成佛了。）

看似极具哲理的语句本质往往是废话，神经症是长期积累的思维模式所造就，靠空洞的哲理根本解决不了任何问题。

如果说心灵鸡汤是废话，那么如今流行的毒（反）心灵鸡汤就远不止废话那么简单了。那些写作者以极其低劣的审美，从极其功利的角度，把社会简化成一个不是你死就是我亡的名利场，把生活简化成一场生存策略游戏。在他们的眼里，人能够分成高端低端（有钱没钱）、三六九等，人生能够分成高配版、低配版，以此衡量成功失败。他们会赤裸裸地告诉你，你之所以混成今天这个样子，无非是不够努力、没有高明的交际手腕、不懂应酬、不够圆滑。同时，他们也会心痛地指出，如果你再这样下去，迟早要被这个社会淘汰。这些书的标题也极其吸引人，比如“三十天内让你成为社交达人”，比如“职场套路二十条”。他们会摆出理直气壮的样子告诉你，真不是他们庸俗，社会现实就是这个样子。

财富、权力、地位、身份、名望，这些是毒心灵鸡汤追逐的重心，比起成功学的遮遮掩掩，这些以“还原社会本来面目”为噱头的书显得更加赤裸和无耻。如果学不会独立思考，我们就会经常被它的逻辑说服。我们作为社会的弱者，作为被环境改造的一方，不正是因为缺乏财富、权力和身份，才活得如此压抑？君不见那些所谓高端人士在微博上一掷千金，穷人们立刻像乞丐一样冲上前哄抢还美其名曰幸运抽奖？君不见那些网红偶像一个走台动辄几十万甚至几百万？凭什么我们每个月拿着几千块工资还得操着卖白粉的心？凭什么我们奋斗了一辈子硬是跟不上房价飞涨的速度？凭什么别人的孩子动不动就出国留学，不管再怎样无能都能摇身变成海归，我们的孩子只能坐在公立学校接受填鸭式教育？我们的孩子为什么还没出生就已经被高端阶层甩到了后头，寒门出贵子已经成为过去式？——我们太弱小了啊！我们太穷了啊！难道不是吗？

看完上面这段话，是不是一股愤慨从心头油然而生？很好，你已经被这些流氓逻辑给糊弄了。它完成了一个小小的把戏，把你的内心冲突顺利地转移到了社会不公的现象上。这似乎为我们即将进行的努力奋斗找到了一个突破口，**事实上却加剧了我们心态的恶化**。我无意美化社会，但如果你闷闷不乐的唯一原因是这个社会太不公平，你原本就在自欺欺人。人格分裂症（和精神分裂完全不同）患者的特点就在于本能地把所有不满足的原因归为外界因素，他永远不会承认自身有什么不足，哪怕事实就在眼前，他也会理直气壮地告诉你：错误是别人的，如果是他造成的，那也是无心之过，既然是无心之过，那就不应该算是错误。写这些毒心灵鸡汤的人大部分都有这种倾向。

退一万步讲，即使你信服了他们的逻辑，真的能按照这种逻辑去追求所谓高配版的人生？对不起，你做不到，身为神经症患者，在没有解决内心冲突之前，你根本不具备这样的条件。相反，在这种逻辑的洗脑下，你作为社会底层人士，拼尽全力也无法扭转局面而产生的无能感和挫败感会像毒蛇一样咬住你。以自我感受为中心与自我厌恶的矛盾一直是神经症患者无法解决的冲突，你亲手加重了这一冲突，而那些写毒心灵鸡汤的写作者却拿了版税过起了高配版的生活。

这些所谓的套路之所以吸引部分人，是因为心理学上的“压力源”效应。如果不仔细加以分析，我们的确不能否认，导致我们焦虑的正是工作上的竞争压力。但如果再深究下去，我们真的是因为缺少**技术性手段**，才会精神苦闷？如果仅仅是技术性问题，而不是内心的冲突，不是思维的固化，问题就显得非常简单，我们只要去一板一眼地学习就行。神经症患者的学习能力是非常强的，因为敏感的天性让他们学会了观察周边的人和事，周围人的情绪变化往往逃不过敏感者的眼睛。问题不在于我们不会交际、学不会套路，而在于我们对这种交际和套路的抵触情绪。**我们总是陷在不违逆自己的内心就无法在这个社会好好生存的矛盾中，和环境的矛盾核心是价值和审美的取向问题，而非适应能力问题**。也就是说，我们无法装作友好地和一个自己极其讨厌的人相处，也无法在应酬场合适应各种套路，一旦我们这样做了，对着镜子时会觉得自己极其恶心。几乎每一个情绪敏感的人都会预设一个完美的自我形象，并会通过对比增强现实的失落感。同时，我们还会预设一些美好的场景，比如我就经常幻想能够拿着一本书一读就是一个早晨，或是在温暖的太阳底下睡个好觉，不用去担心工作考核过不过关，也不用担心手机会突然响起，又有哪个催命的会议等着我去开。一旦我们的做法有悖于自我形象，内心就会被愧疚、后悔和自我鄙视所吞没。正是这种感觉引发了精神冲突！

总之，成功学也罢，心灵鸡汤或毒心灵鸡汤也罢，没有一样是为我们这群人准备的。这些写作者和我们身边的人没什么两样，他们不了解也不想了解神经症、抑郁症或者因为观念冲突而精神苦闷者的内心世界。这一切只不过是给急功近利者编织的一个美丽的谎言。

•

关于抑郁症、焦虑症治疗的书在市面上也非常多，大致可以分成两类，第一类是心理学家或者神经科学研究者的著作，第二类是普通人（据说他们像我一样曾经是抑郁症患者）的感悟。这两类也是近年来我阅读较多的图书。

毫无疑问，这两类书相对而言比较契合我们的需求。但是，大部分所谓的心理学著作，其实是许多心理学家的学术研究合集，出版社改了一个比较吸睛的题目，就把这些学术文章一字不动地晒出来了。于是，你可以从这些文章中看到谁和谁合作进行了多少个实验，其中某个实验中，A 组人群的反应是怎样，B 组人群的反应又是怎样。通过这个研究，证明了某个结论，比如说看了一场恐怖电影和没有看电影的人比起来，前者分泌的肾上腺素和去甲肾上腺素明显多于后者。然后？对不起，没有然后。而这些实验研究专著的题目有可能是《你能治愈抑郁》甚至是《三十天治愈抑郁》，通俗一点儿还有《不吃药不打针，照样治抑郁》。（以上标题皆为本人杜撰，如有雷同纯属巧合。）后来我有了阅读的经验，只要标题为几天几周或几个月内能够让你达成什么目的的书，一概不看。

真的，如果是几年之内才能治疗抑郁，他们干脆就不用这类标题了。**因为能不能治愈姑且不提，至少他们吸引不了那些一心一意寻找捷径的读者。**

还有一些研究专著，首先会和你谈一谈负面情绪的好处。不知道这算不算是作者对我们这类被焦虑恐惧折磨了数年的人的安慰，他们会告诉我们，负面情绪原本是人的自我保护本能，并非什么坏东西。比如紧张和恐惧，在原始社会（也许我们还是山顶洞人的时候）其实非常有用，因为能够保护我们免遭野兽的袭击。只不过后来慢慢地，没有野兽袭击我们了，但这种本能却依然存在。接着基本上就是一些治疗过程的访谈。比如乔治（当然是化名）刚来看医生的时候情况是怎样，后来通过先进的治疗，比如系统脱敏疗法（我也不知道这是什么疗法）、说理疗法、激怒疗法……最后患者在心理咨询师循循善诱后终于发现，是童年时候一次可怕的经历让他患上了心理疾病，找到病因后他就恢复成了正常人。

这样的例子真是不胜枚举。为了吸引读者，他们还会用抒情的笔调先给大家来一段叙事描写，比如：当玛丽走进我办公室的时候，略带倦容。她眼睛明亮，面容姣好，嘴角却流露出些许不安，这让她看起来少了些吸引力……

当然，在市场面前，他们至少摆脱了学究气。但是这些自上而下的所谓心理疾病治愈，对神经症患者，尤其是不具备心理学知识的神经症患者来说接受难度太大。为什么？因为处在精神苦闷中的患者和专家的思维结构不同，他们迫切地需要别人告诉自己，怎么做才能尽快摆脱负面情绪的困扰。最好能够列一个清单，只要按照清单上面的方法去做，就能回到快乐轻松的生活。至于那些实验，是典型的西方科学研究的逻辑，让它们都见鬼去吧！

剩下的那类感悟类的图书中，很多都是畅销书。患过抑郁症和焦虑症的人士现身说法，告诉别人：我也患过抑郁症或焦虑症，你瞧，我现在已经治愈了，那么，你也可以做到。这类书之所以畅销，在于作者的经历很容易引起特定读者群的情感共鸣。但是，其间也有一些“外行”人士在插科打诨。我见过最荒谬的一篇文章，它说治疗负面情绪的方法之一就是每天早上起床后大笑三声。当时我不由得在心里面骂了一句脏话。

不过，如果作者的态度真诚，阅读这类书也并无坏处。为了不得罪别人，在这里我引用自己的那本《请珍爱这样的自己》。现在想来，当初写这本书的目的非常简单，首先是因为我想要倾诉，其次是想通过写作来整理内心，以期在心理自救这条路上能够更明确、更系统、更有方向性。但是，**我绝没有想通过写书来治疗别人**。说得更确切些，写这本书时我根本没把读者的因素考虑进去。相反，我一直小心翼翼地告诉别人，这本书救不了你。如果能够给别人一定的启示，已是善莫大焉。

然而，读者的反响还是超过了我的预期（其实我根本就没有预期）。我不得不回头审视自己，在写作与阅读之间是否产生了一定的误会？他们会不会认为我处理负面情绪已经游刃有余，如今非常快乐？我写作的时候是不是做到了足够的真诚，确定自己没有任何煽情的成分？

这些问题都没有答案。所以面对读者的评论时我心有愧疚，恨不得搬出一切有效手段来帮助那些和我一样痛苦的人。**但是，请记住，没有任何一本书能够救得了你！**沽名钓誉的不提，即使是一本好书，让你觉得颇受启发，充满了干劲，并且在一定程度上能够改变你的认知，它还是救不了你。书不是药，它充其量在你迷惘的时候给了你一个方向，路还是需要你自己走下去。

•

如果求助医生、求助书本都不能达到治愈的目的，我们还能怎么做？比如，我们能不能抱团取暖？网络上关于抑郁症、焦虑症的群并不在少数，我们能否在里头交流一下心得？但我个人觉得，这样的取暖只是寻求自我安慰而已。被负面情绪长久困扰的人往往是压抑的，他们虽有极强的倾诉欲望但无法在现实中随意拉个人来一吐不快。于是网络成了负面情绪的垃圾场。随便打开一个抑郁症群，你在里面只能看到无数个问号、无数种求救，俨然一副万物哀号的景象。我们能够在其间获得什么呢？我们根本没有能力承受其他人的伤痛。事实上，针对神经症患者，我并不建议他们频繁游走于网络。当然，这样的劝说并不见得会有效，“无事可干”对神经症患者来说是非常可怕的体验，让他们在房间里干待着，无异于让他们张开双手等着被负面情绪蹂躏一番。

当然，西方国家里有很多求助组织，比如戒烟戒酒，甚至是戒毒小组。这其中需要一个富有公益心的核心人物，小组成员的发言也偏于正面，且行为受到团体的制约。可惜国内这样的组织不多（或者也是我孤陋寡闻），即使有，也只是一种有限的辅助手段而已。

哪点是我们在治疗路径上首先要破解的问题？我认为是“通过外物改变自我”。**企图仅仅通过外物的帮助治疗神经症，或者缓解负面情绪，注定是竹篮打水一场空。**不管你的内心爆发了怎样惨烈的革命，于这世界都是不痛不痒的。对你内心所承受的痛苦，很少人（甚至没有人）能够感同身受，这一点在神经症患者之间也是适用的，焦虑加焦虑不仅是双倍的焦虑，也许还会进一步放大。两个抑郁症患者一见如故这种事一般不会发生。

我经常想，可以用怎样的方式让普通人领悟一下我们的内心呢？请闭上眼睛试想一下，现在你身处一个狭小的玻璃屋内，只可容纳一人躺卧，绝无出入口，但可以看见四周，四周的人也可以看见你，但他们看不见这个玻璃屋的存在。突然，在玻璃屋内出现了一条毒蛇，它吐着红色的信子，向你缓缓移动而来，并做出攻击的姿势。你尖叫，四处逃窜，你死命地敲击玻璃屋，妄图敲碎它得以逃脱，但它固若金汤。你向周围来来去去的人呼救，但别人只是用怪异的眼神看着你，或者停下来对着你指指点点，仿佛你是关在笼里的怪兽。这时你突然明白，他们不仅看不见玻璃屋，也看不见那条毒蛇。于是你尴尬地站着，对你来说，路人的指指点点和毒蛇一样可怕。你试图强装微笑，但这时毒蛇已经接近了你的脚尖，又沿着脚尖慢慢往上爬，你的腿肚子已经感受到了毒蛇粗粝的鳞片和冰冷的体温，而这种感觉一直往上升腾。你浑身僵直，满脑袋只有一个念头：救救我，救救我……

没人能救你。除非你伸出手一把将毒蛇抓下，踩死它，踩烂它，哪怕被咬，也要一脚一脚地朝它身上踩去。你能做到吗？

# 2 内在表现

# 你手中的刀子刺向谁

鲁迅

……有一游魂，化为长蛇，口有毒牙。

不以啮人，自啮其身，终以陨颠。……

我不知道是第几次陷入这样焦灼的状态了。总之，每次的模式都一样。神经仿佛被人狠狠地拉扯。胸闷，难以呼吸，血液在脑部跌宕冲撞，身体僵直，只有双手在莫名其妙地点着手机，一开一关，一开一关，好像那才是我的本能。

我开始回想刚才的场景。起因是有人打电话向我咨询工作上的一个难题，仅此而已。在我的职业生涯中，这样的电话接了不知多少次。几乎没有什么好消息，一个接一个的难题需要解决。奇怪（或者幸运）的是，每次最终我都能解决问题，但在解决之前都会这样焦灼，惊惶失措。我的内心一定不够强大，我想。一个内心强大的人不可能像我这样遇见点小事就方寸大乱。他们总是游刃有余，谈笑间樯橹灰飞烟灭。我试图转变自己的意识，把扭成一团的神经重新梳理一遍，回归到正确的认知上，比如：我对工作的态度如何？或者，我是为了什么而工作？但我绝望地感到，理性思维跟不上电光石火般涌现的情绪。

这时，电话又响了。在我听来，手机铃声尖厉而刺耳。我记得我已经调过多次铃声模式，尽量选用柔和的音乐，但无论怎样选，听来还是带着一种说不出的扭曲。我试图深呼吸。“千万不要再有麻烦事。”内心一个声音惊恐地说道。

是个会议通知。

紧急会议！对方特意强调了这四个字。

我眼前浮现出一个场景：一个小型会议室，每个人都表情严肃，头顶似乎乌云密布，领导正在拍桌子，声色俱厉。

“王建平,这个责任你该怎么承担？”突然,领导转向我,厉声问道。

我像触电一般抬起眼。责任？承担？——所有人的脸都朝向我，脸上的表情有同情，有庆幸，有冷漠，复杂无比。

不好！我陷入了可怕的臆想。我在刻意编造一个完全不存在的场景。代入感是如此的强烈，以至于我在虚无的幻想中产生了真实的恐惧。就像孩子害怕黑乎乎的窗外或者阴暗的床底，我在害怕脑袋里藏着的某种东西。我在强迫自己害怕！

深呼吸。

我求救一般望了一下周围，拿起一本书，翻开。

“我们的焦虑来自对未来的恐惧，来自对金钱名利的追逐，来自害怕失去，来自欲望。你只要观察自己的呼吸，回归当下，当下那个你才是真的你。”书里这样写道。

狗屁！

我的焦虑明明来自内心，我既没有想过家财万贯，也没有想过让祖坟冒青烟。我只想像个普通人那样好好过日子！能够在家人面前开心、放松地笑一笑，工作了一天回家的时候能够放下所有的负担。如果非得说对未来有什么恐惧，也不过是恐惧未来会像现在这样，每天都被逼着恐惧和焦虑。焦虑不是来自未来，它就是长在我心里的一颗毒瘤，会不定期发作，且越来越频繁。

冥想，观呼吸，打坐，完全没用。只要一通电话，一切都会像纸糊的房子那样崩溃倒塌！

我大概是没救了。

我像个木偶那样坐着，脑子完全没有了思考能力。但有一点是明确的，如今我是一座被攻占了的城池，被侵略了的疆土，被蝗虫啃噬过的农田。身体还是那副身体，但我对其已经没有了控制权。

但事情还没有完，老师发来了信息，昨天没有上交作业的同学当中，我孩子榜上有名。“请家长予以监督。”信息里这么写道。

我扔了书，伏在桌上，像一面被压垮的城墙。

为什么所有的一切都和我作对？我想。

为什么最会和我作对的那个人竟然是自己？我想。

•

回望过去，我不由得佩服自己。假如一天接五次电话，以上情形至少会涌现三次以上。那么一周呢？一个月呢？这么多年以来呢？现在我竟然还能好端端地坐在电脑前打字，这难道不是一件非常不容易的事吗？

如果说这几年来我有什么本质上的改变，倒不是焦虑变少了、强迫症缓解了、不再抑郁了，不，恰恰是我发现尽管什么也没能改变，自己竟然好端端地活着。这真是一个了不起的发现，它恰恰就是改变本身。胆小如鼠缺乏勇气也罢，死皮赖脸厚颜无耻也罢，总之我证明了一点：抑郁、恐惧和焦虑并不影响我活着。

这大概是我第一次对自己进行了公正的评价：长久背负着负面情绪却依然还活着的人很了不起。

几年前，我对自己的评价并不是这样的。那不是真正意义上的观察和总结，而是一种高高在上的斥责，甚至称得上是一种审判，审判过程中还充满了各种冷嘲热讽。有一个似乎汇集了所有良知和道德标准的王建平 A，他完美无缺，端坐高堂，用极其挑剔的眼光扫视着这个在现实中苟延残喘的王建平 B，同时在幕后还隐藏着一个从来不露面，却极尽挑拨和恐吓之能事的王建平 C。这三个人每时每刻都能上演一场宫廷大戏。比如当我在街上抬头看见一个半生不熟的人正迎面走来时，王建平 B 会趁着那个人尚未看见自己时想办法调头，或者假装眼睛正看着别处，正在思考别的事情，希望凭此蒙混过关。原因在于他对打招呼这种普通人轻易能做到的事抱有天然的恐惧，尤其是在两者的距离不远不近的时候，打招呼嫌太远，不打招呼嫌不礼貌，实在令人尴尬。这时王建平 A 就会狠狠地拍一下惊堂木，吼道："自然一点儿！你就这么懦弱吗？你连这种小事都不会处理吗？"于是王建平 B 呆住了，他陷在想逃又不想逃的矛盾之中难以抉择。不逃吧，往前走这段时间我是看着对方还是不看对方？时机掌握不好。逃吧，又会被"自己很懦弱"这种想法完全淹没。来不及了，对方已经看见自己了，似乎他（她）也有别过头去的想法。于是王建平 B 感到脸上的表情极其僵硬，只好硬着头皮走上去，装作随意的样子问道："你也走路啊？"王建平 A 此时又骂道："废话，不走路难道他还在飞不成？"对方随意应了一声，两人分头走了。王建平 B 松了口气，但王建平 A 并不打算放过他，继续用严厉的语气喝道："你连像样地打招呼都不会吗？你还能干成什么事？难怪你会混成今天这个样子。"此时传来王建平 C 一阵阴冷的笑声："他就是这个样子的，那个人一定在背后笑他呢。"此时王建平 B 已经战战兢兢，全然忘记自己为何走在这条路上。

不管是为了什么走路，此刻走路本身已经成了折磨。我的精力已经完全耗费在应对内心对话上，很快就疲惫不已。按照心理科学的理论，人的能量和手机电量差不多，如果一个程序在后台占用了大量的空间，电量容易耗尽。从表现上看，这类人往往萎靡不振，难以集中注意力，甚至缺乏自控力，情绪容易激动。他们并非天生精力有限，而是能量分配出了问题。只是这个极其活跃的程序藏得非常隐蔽，用杀毒软件也不见得能够逮住它。但它一直存在，且 24 小时都不间断地运行。

像我一样，大部分神经症患者因为内心情感异常丰富，神经非常敏感，即使不怕和别人打招呼，也会在其他场景出现典型的心理冲突。比如同事聚会，比如和父母的相处，比如和领导一同乘坐电梯。大部分的神经症患者都会不幸地拥有一个极其暴躁的父亲，或者一个具有官能症倾向的母亲。部分精神疾病专家甚至认为，抑郁症是一种遗传症状，而且女性之间的遗传概率比男性要大一倍。当然，这个结论除了让患者陷入恐慌，或者让社会对抑郁症患者充满歧视之外毫无意义。它不过是一些抽样调查的比对，没有任何生理科学上的依据，我更倾向于将之理解成原生家庭的影响。原本我们应该把重点放在那个“后台程序”上，去思考它的运行机制。不幸的是，出于思维的固化，我们很少会客观地观察自己，往往做出相反的举动，让症状进一步恶化。

在上一章，我试图告诉大家，任何人，包括亲人或另一位同样患有神经症的人在内，都不可能真正做到对你的痛苦感同身受。即使你身边有一条毒蛇，你已经被它咬了一口，也不会被谁同情。但真正让情况恶化的不是外界的冷漠，不是医疗资源的匮乏，而是自我伤害。

也就是说，你埋怨外界不理解你的痛苦，充其量只是一种负面能量的发泄。真正把刀磨亮、磨锋利，朝自己刺去的那个人其实就是你自己。

•

我不止一次强调神经症患者感觉的敏锐性，但这种敏锐性并不意味着客观公正。相反，神经症患者在处理自身感受这一问题上对自己是有失公允的。有一类患者往往喜欢运用大量富有感情色彩的词语去描述自己的感受。他们中有一部分人惯于倾诉，这种倾诉在旁人听来非常无聊，因为内容苍白无力，甚至顾左右而言他。诸位可以想象一下，祥林嫂数十年如一日冲着他人讲述阿毛的故事，最后是怎样的结局？另一类患者则反其道而行之，他们为了防止别人的嘲笑讥讽，强迫自己停止和周围人的交流，甚至把交流的欲望视为懦弱的表现。为了让这股倾诉的能量有个去处，他们往往无意识地在内心塑造谈话的对象，但因为这种交流并不能解决任何问题，他们就会产生极其强烈的不安全感，对自身的质疑会不可抑制地涌出来。

倾诉和压抑并不矛盾，它们的共同特征在于：个体本身对自己的行为和所处的状况充满了后悔、愧疚和失望。他们要不没有认清自己的现状，要不接受不了自己的真实表现。“我不该是这个样子的。”“我的生活原本应该更好一些。”这些是经常萦绕在神经症患者脑海中的想法。“如果……那么说不定……”是他们最常用的假设句式。一旦操控不了现实，无法左右自己的行为，他们就预设出一个更完美的自己。但这种所谓的预设并没能给患者带来任何好处，他们反而习惯于时时将自己创造的完美形象作为参照物，和现实的自己来比对。

大部分人都没能察觉内心的冲突，反而将其折射成与外界环境的落差。许多人天真地以为，只要换个工作，或者换个领导，自己的处境就会得到极大的改变。但事实上，哪怕在无事可做的假期，他们也会受到神经症的折磨，因为他们无法停止对比，无法停止对现实（过去发生的和未来可能发生的现实，而非当下的事实）的恐惧。“后台程序”在不断地逼迫着他们榨干自己，“无事可干”只是一种假象，他们根本做不到认真地休息。

长期被负面情绪折磨的人往往不喜欢现实中的自己，他们一般具有以下十个特征：

1. 在任何事情上都能挑出自己的毛病来，比如“过于自私”“懦弱”“一事无成”……

2. 处理人际关系是他们性格中的天然短板，他们有自己颇为孤傲的一套标准，但从来没有达到过。

3. 对现实充满了各种不满和牢骚（也可能像我一样只放在心底），但没有一套能够改变现实的、可操作性强的方案。

4. 认为自己是个自控力差、意志力薄弱、缺乏行动力的人。他们有很多的想法，却很少能够坚持执行下来。

5. 认为恐惧、焦虑这种情绪是可怕的、不正常的，它们不该在自己的生活中占有一席之地。

6. 控制欲强，却习惯性地附和他人，不敢讲出自己的见解，事后又归结为自己过于懦弱和缺乏勇气。

7. 无法承受别人对自己的批评，如果有人不喜欢自己（哪怕是一种未经证明的错觉），他们会感到极度不安。

8. 对别人的事缺乏兴趣和热情，甚至对自己的事亦是如此。对琐事有种天然的厌倦感。习惯于把尚未发生的事情往坏处想。

9. 道德感强，往往压抑自己的欲望。无法主动表达对他人的好感。

10. 无法和一个令人厌恶的人坦然相处，对溜须拍马那一套极度憎恶。有愤世嫉俗的倾向。

从以上特征可以看出，我们之所以有自厌情绪，是因为无法达到自己设定的标准。其实这套标准任何人都达不到。值得注意的是，这种自厌也仅仅是一种心理表象，事实上，神经症患者恰恰是一群以自我为中心的人，他们尤为在意自己的感受，很少去关注自己以外的世界。从心理学角度讲，他们其实属于自恋型人格，自恋并不意味着自我接纳，相反，一旦达不到自己的要求，“自恋”就会转化成自我苛责甚至自暴自弃。他们习惯附和别人，习惯自我压抑，但这种行为本质上不过是一种自我保护，一种维持自我良好外在形象的无奈举措。

不管内心世界如何崩溃，外在必须保持和谐统一。这就是神经症患者最常用的处世态度。在这种“家丑不可外扬”的理念指导下，他们千方百计掩藏内心的焦虑和恐惧，为了维持形象不得不努力工作，犹如一个人怀揣着定时炸弹却试图谈笑风生。他们想尽一切办法缓和负面情绪，试图通过调和观念来解决内心的冲突，但随着时间的推移，内心和外在之间的缝隙越来越大，需要更多的精力去维持。此时，神经症患者根本没有能力再去关注外在的世界，更没有精力照顾家庭和维持人际关系，神经症的症状会在这个过程中无可挽回地表现出来。比如，患者会无缘无故冲家人和亲近的人发火，会突然陷入不可自拔的悲伤当中，会做出一些冲动的事但不出几秒钟就无比后悔。这些行为反过来又会再次伤害他们，让他们陷入内心的自责，从而形成了一个神经症患者独有的心理恶性循环。

也许有人觉得神经症患者苦心于维持分裂的关系，这一行为极为可笑，但请别忘记，这种行为并非由患者的理性驱动，它是自发性的，是源于意识深处的，患者本身拿它根本没有办法。其实伪装原本就是人类的社会属性之一，每个人都想表现自己良好的一面，这一点从发朋友圈的行为中可见一斑。普通人会将此视为理所当然，不会像神经症患者一样陷入道德意识和观念价值所编织的死结当中。他们不得不伪装，又不得不鄙视伪装，如果仔细观察，这样的高级情感功能不太可能出现在心智结构相对简单的人群当中。

但是，一旦冲突越来越严重，无法打开这个死结，患者就会由神经症步入长期的抑郁状态，继而发展成严重的抑郁行为，再继续发展，很可能出现严重的精神分裂。这就好像一个濒临危机的公司苦心维持财务状况，摆出一副空架子，最后的结局往往是董事长站在高高的顶楼上一声叹息，接着往下一跳……

因抑郁症自杀，本质上是一种内心精神的破产。这一点请记住。

•

普通人无法理解的种种行为，对神经症患者来说是一种本能但徒劳的挣扎，这种挣扎接着就会引起身体的生理性疼痛。本人在几年前先后患过急性肠胃炎和肋间神经炎，一度辗转于 CT 房和中药房，还有一次因为胸部疼痛被送进急救室。最后医生除了给我几瓶维生素，就是扔给我一句话：不要多想。

“不要多想”是神经症患者不可能完成的任务。在观念冲突发生后，身体的不适也会让敏感的患者整日被死亡的恐惧笼罩。所以除了佛经和各类心灵鸡汤，患者有时还会捧起养生的书来。

回头审视，我们会发现神经症患者所有徒然的行为背后，真正在做的事其实就是自我伤害。他（她）的直觉过于敏锐，所以眼光一直在过去和未来之间游移，无法给现实一个准确的定位。想逃离当前的环境也罢，想改变自我也罢，都不是基于接纳现实的想法。他们不断地伤害自我，无非是出于以下两个原因：

1. 无法达到自我设定的标准。（内在行为）

2. 不敢违背相应的道德观念。（外化行为）

对自我无要求、放任自流的人很少会得神经症。智力低下、不具备高功能情感的人也不会得神经症。只有分外重视“自我意识”的人才会与神经症结缘。

记得有一次我写信向朋友倾吐精神苦闷时，他在回信中感慨道：“为什么那些品格低下、为追逐私利无所不用其极、道德沦丧、成为金钱奴隶的人能够如此逍遥，偏偏是我们这群对世界怀有善意的人会如此痛苦？为什么我们要为仅有的一点点自私想法感到愧疚？这个世界苦难已经那么多，我们已经如此脆弱，为什么还要苦苦折磨自己？”（原意大致如此。）

我对着这句话思考了很久，后来写出了一篇叫作《我要做坏人》的文章来。当然，我并不是说真的要去做坏人（何况也没有什么标准），而是对自己昔日抱有的理念第一次提出了质疑：我们所设定的自我形象，我们的道德观念，到底有多大的价值？再深入挖掘，会发现所谓的自我形象和道德观念并不是“我”的产物。但是，我们就这样抱着它们不放，以至于忽略了现实中的自己所遭受的种种苦难。

现在，让我们收回眼光，看一看现实中的自己究竟受到了怎样的伤害。

一个对自己的外形感到不满意的女生可以通过运动、药物甚至整容来改变自己，但面对内心沉重、难以快乐、持续愧疚，没有一家机构能够让我们恢复原状（事实上根本没有所谓的原状）。所以现实中的自己遭遇的第一个苦难是：无法得到原谅。事实上，我们并没有犯什么错，所谓的错误是通过自我形象与“别人家的孩子”对比而来的。很多人把错误归结为：自己有今天，是因为过去不努力，或者做了错误的选择，说得直白些，因为自己是个无能的人。这个结论同样基于对比，比如你参加了一个同学会（还有什么是比同学会更能进行比较的场合呢？），看到那些昔日远比自己差的人现在日子过得非常惬意，这时你脑海当中会钻出一个念头：如果当初我不回这个该死的小县城，在外头好好打拼，说不定现在也像他这样了。这样一想，就觉得当初的自己很蠢。比如你遇见一个朋友，听他（她）谈论自己旅游的种种趣事，以及未来的种种打算，假装微笑的同时不由得想到自己两点一线的生活，想到要还到老的房贷，想到每个月靠一点儿可怜巴巴的工资维持的所谓工薪阶层的生活。你会问自己：“为什么他们可以这样快乐？为什么他们能够这样自由？我的自由又在哪儿？”

当我们找不到任何理由的时候，只能把错误归结到自己身上，并且自怨自艾。这样一看，现实中的这个自己就显得很粗鄙了。更可气的是，我们似乎没有改变这种粗鄙的措施，“变成别人或变得自由”的希望似乎也不存在。我们唯一能做的就是在镜子前狠狠抽自己两个耳光。

你没法原谅过去的自己，也没法原谅当下的自己，更无法接受将来这一切都不太可能改变的现实。对于自己为生活拼尽全力的姿态，在你看来也不过是因为无能。你会无端地生出一种傲慢来，认为面对生活，你理应是游刃有余的那种人。这就好像一个孩子（现实中的你）费了大半天工夫在海边用沙子堆了一座小城堡，却因为不能住人被你（理想中的自己）一脚踹了。你无法顾及自己的感受，头也不回地走开，剩下那个孩子张着嘴，抹着眼泪面对着一盘散沙。

但“理想中的你”究竟是怎样的存在？他（她）不过是一种幻象，甚至是观念上的怪胎。他（她）除了埋怨和指责，从来没有分担过任何一点儿苦难。现实中的自己背负所有的苦难，任劳任怨，像蜘蛛一样不断地修补被自己扯断的网。如果可以形容，你无非是一个被“理想”蛊惑的暴君，从来没有正眼瞧过自己。

权且不论别人的生活是否真的如他们描述的那般美好，我们只把眼光放在自己身上。现实中的你真的犯过天大的错误吗？现在的生活真的是因错误而生出的惩罚吗？不，完全没有。恰恰相反，你现在的生活正是普通人所过的极其正常的生活，作为一个普通人，你理应受到而且必然受到生存层面上的限制，你不可能做到抛弃工作到处旅行，以标榜自己的自由。不管乐不乐意，你都必须为了活着（包括让自己的家人活着）而劳作，哪怕这种劳作本身违背了你的喜好，哪怕在劳作过程中你会被人欺负甚至丧失某种程度的尊严，劳作本身却不是毫无意义的。你必须扛着其他人（如孩子、父母）的责任负重前行，你会为孩子的前途而忧心，为父母的健康而焦虑，你在柴米油盐的日子里绞尽脑汁地为自己和家人打拼，这一切竟然得不到自己的原谅？

与此对比，你所谓的“理想生活”其实是“别人家的生活”，以此来要求自己，也许是“普通人”这三个字分外刺眼，这不仅是你内心暗藏的傲慢所致，也是因为你对生活的苦难认识不足，以为这世上必然存在一种没有苦难和烦忧的生活，以为远方真的有诗，只是你因为无能难以企及而已。

以前我幻想过靠写作过日子的生活。其本质是“做自己喜欢做的事”，有相对能够自控的自由，不用委曲求全，且有稳定的收入（不用讳言，也许里头还藏有想要出名、想要有别于普通人的虚荣）。促使我产生这个想法的大概是村上春树。据说他的生活是这样的：每天早上起床，往大大的马克杯里冲上咖啡，随后端着咖啡悠然地走进书房，坐在电脑前，脑袋里想着，那么，今天要写点什么好呢？（见《我的职业是小说家》）

而我呢？除了工作（今年的最高纪录是一个月加班25天），照顾孩子（我是被孩子学习弄得焦头烂额的众多家长中的一员），几乎没有多少时间能够让我安安静静坐在书房里"悠然"地写作。即使有这样的时间，我还得想办法排除工作带来的焦虑和恐惧，排除身为父亲的种种挫败感，然后再找找状态和思绪，才敢打开电脑。据说村上春树每天只写十页稿纸（每页400字），而我，每天只能写1000字（诸君现在所见的文字即是我每天1000字的积累）。所以，村上先生的生活对我来说大概就是所谓"理想的生活"。然而，先不提他在出名前也曾有过颇为折腾的日子，即使这样，也不能说村上春树的生活就不普通了，就没有烦恼了。再往远了看，著名如卡夫卡，一辈子也在很认真地工作，写作一直是他的"副业"。（还是见《我的职业是小说家》）

哪怕是写1000字，我也经常会停住，内心总有个声音在骚扰我：你真的有资格写这些文字？你真的有所谓的经验可以教授别人？你现在的状况其实也没有比别人好到哪儿去吧？

我很认真地问过自己，如果这辈子一直会这样操心和忙碌（多半是如此的），我会如何？这个问题，精神苦闷的人也应该问问自己，如果我们的境遇一直不会改变，会怎么样？我们能够得出的答案是：其实我们也不能怎么样。但是，我们能改变对生活和自我的认知，能够客观地看待一下自己，所以非但不要在镜子前扇自己耳光，更应该对自己说一句:“你，辛苦了！”

比起那些所谓的生活蓝图,“你,辛苦了！”才是无可否认的事实。你不仅得原谅“无能”的自己，更应该珍爱这样的自己。

现实的自我遭受的第二个苦难是：永远被逼着做那些做不到的事情。

曾几何时,“生活规划”成了一个流行词。一个人不会规划自己的生活,恐怕将来不会有什么大的成就。这几乎是社会上的普遍认知。然而，神经症患者在给自己定计划的时候，永远不会将心理承受能力这一点考虑在内。相反，他们会把计划当成蓝图，锻炼自身，学习知识，做家务，独处和冥想，一项又一项。列完以后，我们往往会感到一阵轻松，但这只是心理上的一个小小把戏，我们会无意识地把列计划和完成任务混为一谈，不自觉地以为自己真的能够这么做了。这一点凯利·麦格尼格尔在著作《自控力》中有更为详尽的论述。

这种轻松的感觉基本上在第二天早晨没按照计划执行后就基本消失了。此时我们要面对的是完不成计划的一系列后果。我们固执地认为，只要具备强大的意志力，计划是可以完成的。完不成不是计划的问题，是我们还不够强大。你瞧，有无数的例子表明那些优秀的人都严格地按照计划行事，且一天行程满满。于是，我们又回到了老问题——自责和愧疚上来了。根据我们的完美设想，只要有毅力，任何艰难险阻都可以战胜。小时候老师就是这么教的。

除了完不成计划，我们还具有不少的完美倾向。如果一件事没有达到自己甚至是别人的预期，如果工作中出现了轻微的失误，我们就会将其中的一部分后果放大,并为此闷闷不乐。我们会产生一种错觉：自己似乎不可能做好任何事。为什么如此荒谬的认知会出现在神经症患者身上？理由其实非常简单，因为一旦放低标准，患者就不得不认同“犯错误是自己的常态”，不得不认同自己确实不可能做到完全自控，一旦认同了这一点，他们就会绝望地发现自己和预想中的未来以及理想越来越远。这对他们来说才是不可忍受的。

于是现实中的自我就像一头可怜的瘦驴，不仅身上背负着超负荷的包袱，还每天被抽着鞭子绕着桩子打转。刚才我说过，敏感的人更容易耗尽能量，但就是这群人偏偏在要求自己做普通人做不到的事，并且罔顾自己已经疲惫不堪的事实，硬要说上一句：只要努力，你一定行！

如果你看到一个人发烧四十度还想要去跑马拉松，如果你看到一个人刚刚被车撞了腿还趴在马路上做一百个俯卧撑，你肯定会认为这些人脑子有问题。那么，这个被神经症折磨得体无完肤却还说“你一定行”“你不行是因为意志力太差”的你和他们有何区别？

现实中的自我因为非正常的认知而受尽苦难，其表现远远不止以上两种。问题在于我们为什么非得自我折磨，难不成神经症患者都具有自虐倾向？或者这种折磨本身其实就是症状的表现？

心理学有许多的学派和理论，其中有一种叫作“冰山理论”。它简单粗暴地把人的意识像冰山一样分为浮在水面上的和潜在水面下的，而且，在水底的部分似乎占据了很大的比例，我们俗称其为“潜意识”。一直以来，我对“潜意识”这三个字都保持一种警醒的态度，虽然这个词使用了很多年，但它其实只是一种理论上的假说。弗洛伊德的本我和超我大概是潜意识的一种注解。按照冰山理论，我们的日常行为（浮在水面上的）往往是潜意识的作用。但潜意识似乎像个筐，只要解释不清的心理行为都能往里头装，实际上却未能解决任何问题。哪怕是催眠，其实质也不过是一种深度暗示，比如我们被催眠师暗示双手不能动弹，难道真的是潜意识的作用？或者只是催眠师巧妙地利用了我们的神经运作机制？要知道，即使再高明的催眠师，也有无法催眠的对象，难道那些人没有潜意识？

按照这一理论，我们的神经症表现就是潜意识的行为，因为它不受控。但是，并不是每个神经症患者都曾在童年时期留下伤痕，也有些人的童年是幸福的。即使那些童年不幸的人，也不见得全部都有神经症。的确有一些人会有创伤后应激障碍，但其表现和神经症是不同的。用“潜意识”的理念去解释我们的“自我折磨”，恐怕有些浮于表面，过于肤浅。我经过多年的观察，得出的个人结论是：神经症患者之所以习惯或者被迫进行自我折磨，原因在于自我折磨是患者最轻松的应对方式。

这既是神经症的产生原因，也是其内在表现的特征。也就是说，没有什么比怪罪自己更轻松的事了。只要怪罪自己，就不需要再去寻找别的深层次原因，也不需要去质疑目标和方向的正确性，“我很无能”，这句话就足以解释所有的问题。虽然我们为“自我折磨”付出了痛苦的代价，但这种代价的本质是逃避，而非直面。“我很无能”不是一种客观的解释，而是一种居高临下的判断，它并不意味着患者满足并且接纳这种无能，更像是一种带有定性的讥讽，带来的是在理想和现实之间无尽的落差。

患者宁可承受这样的痛苦也不肯直面现实，一刀又一刀地刺向自己，直到鲜血淋漓。如果要深究这个不可思议的过程，我们就不得不把眼光放到患者以外的环境。心理疾病从来不是孤立存在的，它是人的社会属性带来的问题。

# 3 环境暗示

## 你要面对的是这样的世界

多米尼克·斯垂特菲尔德

当恐惧弥漫，一切肮脏都穿上了正当防卫的外衣；

当科学发狂，一切残忍都散发着追求真理的光芒。

我很少去大城市，在为数不多的出差旅程中，坐高铁对我来说实在是一种享受，因为在那段时间内基本没人会来打扰我。这时候我最常干的事就是戴着耳机，拿着 Kindle 阅读。比起玩手机，阅读对探索心智和舒缓神经紧张具有更大的作用，这也算是我的经验之谈。但是我发现，无论在高铁、地铁还是公交车上，几乎每个人（除不会玩智能手机的老年人外）都会捧着手机，带着一脸麻木的表情在屏幕上点点划划。可玩的东西太多了，手游、抖音、微信……只要你想，内容丰富的 App 都能帮助你消磨无聊的时间，只是我没觉得每个人都为此感到幸福快乐。

很多人非常自豪地说我们身处信息时代（现在又被专家称为“数字时代”，据说是又一次革命性的跨越），不过仔细想来，我们（在这里特指容易被情绪左右的人）在信息时代取得的红利其实并不多。移动支付算吗？物流网络算吗？在我看来，这只是一场基于“如何让我们更快付钱”的变革。至于钱从哪儿赚，和花钱的项目相比，对普通人来说似乎选择权并没有变大。相反，随着 AI 技术的发展，指不定哪天我们的岗位就被人工智能给代替了。既然人工智能可以轻易打败围棋大师，干掉我这种角色恐怕更不在话下。

从我这种普通人的视角来看，这十几年来最大的变革，表象上恐怕就是我们所有人都习惯于在屏幕上点点划划。毕竟大部分普通人和区块链、流量变现、投资风口的关系并不大。我曾阅读过一本科幻小说，它描写的时代中人们不仅可以在屏幕上点点划划，还能在衣服上、墙壁上以及我们所能触碰的一切媒介上进行交互操作。因为一场宇宙变故，这群人不幸回到了“旧社会”，穿上了普通的衣服，住进了普通的房子，但他们十分不适应。于是我们会看到一个十分怪异的场景：一大群人时不时对着衣服和墙壁划来划去，然后露出疑惑和焦虑的表情，仿佛墙壁上不显示该有的信息，是一件十分不可思议的事。

有一次，我在坐高铁回程的路上遇见一个日本人，他只有站票，在两个小时的旅程中一直站着，手里拿着一本文库本津津有味地阅读。而在他周围的一大群国人，一个个都捧着手机，其中一个还肆无忌惮开着扬声器看搞笑视频。这个场景给我的震撼不亚于鲁迅先生在仙台看的那场杀中国人的电影。只是我资质愚钝，并未像鲁迅先生一样生出拯救国民性的壮志来，反倒开始思考起另外一个问题：我们捧着手机这一行为真的是天性所致?

这个问题纠缠了我很久，最后我惊讶地发现，不论是否处于信息时代，商业行为本身更像是某个群体针对另一个群体的心理“阴谋”。说得更正确一些，我们这群可怜的普通人，似乎已经在潜移默化中被洗脑了。

•

似乎是为了验证我的这一想法，某次在培训中，一位大学教授讲述了一件极为有趣的事，一家全国知名的网游公司想要聘请他为专家顾问，目的是为了研究如何让人们玩游戏成瘾。“打怪升级”是游戏中最常见的套路，也是利用人个性的心理驱向的最基础方法——你对某件即将发生的事的期待感会促使你成瘾。它完全不需要尼古丁之类的毒素，只需要利用一下你的神经回路就能够实现。这意味着什么？很简单，整个商业机制的运转需要我们成瘾，而这件事情就在心照不宣中合理合法地完成了。

如果说游戏成瘾尚可理解，那么在营销当中利用心理洗脑“迫使”人们产生购物欲望，这一行为就显得极为含蓄了。出于本能，我们的头脑并不能对“需求”做出正确的判断，一旦产生“购买这件物品能够让我的生活变得更好”的想法，一切的行为就能够正当化。于是，各类宣传的噱头就显得极为重要，青春、时尚、美丽、浪漫……只要能想到的，都能成为营销的标签。像游戏一样，他们也会对产品不断地进行升级，不断地勾起人们的期待感。以手机为例，如果要推出一款新产品，制造商就会利用各种媒介进行宣传，以引起人们的期待感，同时极大地缩短我们的购买周期。这样我们就能明白，为什么在明显供大于求的情况下，许多手机还会出现一销而空甚至供不应求的现象。不是我们“想”换手机，而是生产商利用了我们的思维弱点，让我们产生了换手机的想法，这种想法哪怕和现实不符（有谁真正需要半年换一次手机？），我们也难以察觉。这里运用的心理效应有些像魔术：没人逼我们购买，我们却认为是“自己确实想买”才心甘情愿地付钱，而付钱实在过于便利，哪怕没有现钱，你还可以使用赊账的平台，或者分期付款，只要几秒钟就能完成。这短短的几秒钟会让我们产生一种错觉：仿佛钱不是我们从口袋里掏出的。你不知道的是，你在神不知鬼不觉的过程中早就被商家暗示了。

广告的核心不是宣传产品的亮点，而是心理暗示。这也是许多商家邀请明星代言，动不动就以“与某某明星同款”作为营销噱头的原因。广告会让我们的心理下意识地代入，当你看着某位明星拿着手机自拍时，在心理上会把这位明星当成自己（这和不自觉地把自己当成书里的主人公是一回事，是一种角色代入的共情本能），你绝不会想到，不管你使用任何手机，害怕领导打电话过来这一点永远不会变。“购物使人放松”是一种错觉，这正如吸烟一样，那不是放松，不过是尼古丁使神经紧张得到了暂时的缓解。

这些看似无害的心理暗示，对神经症患者来说却是极为危险的。商家的首要任务是卖出产品，所以绝不会因为加重你的焦虑和抑郁而感到自责。但是，一旦这些暗示成为外界的压力源，神经症患者就极容易发展成购物瘾症，割肾买苹果手机之类的事就会不断地上演。如果我们仅仅把过度消费当成一种虚荣心强、意志力薄弱的表现，显然是出于对心理认知行为的无知。在商业模式下生存的我们，如同一群被试验的小白鼠，表面上看，我们“更便捷更有选择权”，商家们纷纷表明“一切都是为了服务我们”，但事实上，我们内心仅剩的一点儿自由连同有限的薪水都被无处不在的心理暗示给耗尽了。

•

神经症不是单独孤立的症状，它和社会的文化背景息息相关，具有极其强烈的社会属性。举一个简单的例子，如处于封建观念较为浓重的古代社会，女子被初次见面的男子握了一下手，恐怕就是一件大事，这名女子想必会陷入某种情境困顿中，会感到羞怯甚至懊恼。但如果是现代社会，初次见面握一下手这种事已经司空见惯，甚至是一种礼仪。行为没有变，变化的是环境以及由环境造就的观念。如果在现代哪位女生被碰了一下手就感到极度不安，我们就可以认定她具有一定程度的神经症了。然而在古代，极度不安才是理所当然的事。

我之所以在这本书中迟迟不给神经症下定义，是因为我认为它本质上不算是一种病症，而是一种文化观念造成的内在冲突。神经症患者不可能没有内心的冲突，甚至会因为这种冲突而感到焦虑。正如卡伦·霍妮在《如何化解内心的焦虑》中所讲的，我们无法通过某一具体行为去判定神经症，但焦虑才是神经症的基本特征。而这种焦虑恰恰就是我们身边的环境给予的。

商业是我们这个社会难以抹去的极其重要的文化因素。消费是拉动商业经济发展的引擎之一，没有消费就谈不上生产和投资。消费的主体就是我们这群人。我们不一定直接从事生产或投资，但一定离不开消费。但是，在基本物质条件已经满足的情况下，要让我们这群人主动消费，不花点儿心思是不行的。所以，营销学其实是社会心理学的延伸，营销者必须想办法给我们的头脑施加压力，我们购物并不是因为真正需要消费品，不过是为了消除神经系统产生的压力而已。营销者和我们不再是供给关系，而是操控与被操控的关系。看似繁荣的社会经济背后，有一只看不见的手在以营销之名剥夺你的自由，甚至改造你的脑结构，让你丧失对自身的控制权。

可悲的是，你作为个体几乎无法改变这一现状，因为心理暗示无处不在。你打开电视，打开电脑，走在街上，哪怕是坐在高铁上，都会有一个声音对你进行“催眠”。以至于到最后，对方不需要再对你进行暗示，你也会主动去寻求信息，以解除所谓的“瘾症”。时不时拿出手机点点划划，正是这一情况的明证。许多人认为，生活节奏加快、生活压力进一步加大以及片面的物质追求，这是我们这个时代焦虑和抑郁人数攀升的最重要原因，他们显然忽视了社会模式的运作方式。也就是说，欲望也罢，瘾症也罢，都不可能单方面引起神经症，但如果人们因此产生了内心冲突并且为冲突而焦虑，神经症状就会存在。比如，时不时拿出手机这件事并未对你造成困扰，那么这一行为本身就是正常的，这才是我所说的“在行为上难以判定他是否有神经症”的重要原因。再比如，我们无法根据一个人是否热衷社交来判定他是否有神经症，喜欢社交也许是一种心理错觉，是源于害怕孤独；相反，不喜欢社交也许是因为社交会给你的生活带来困扰。社交这一行为本身并不具备心理上的积极或消极意义。但是，一旦社会普遍认为积极社交是一种必需的能力，是生存的基本技能，那么一些原本不擅长交际的人就会被打上标签，哪怕独处会让他们觉得心安，在社会暗示下这种心安在他们眼里也会变得不正常，不想社交和必须拥有社交能力之间就会产生心理矛盾，焦虑就这样出现了。

•

社会运转机制不会顾及个体的情绪和状态，它本身并不掺杂任何的情感因素。但是，它的确存在心理操控的嫌疑。为了让个体配合社会运转机制，这种操控行为以一种正当的名义堂而皇之地实行。

让我产生这一想法的契机是一次和朋友之间的聊天。我这位朋友参加了一次为期七天的培训，这次培训是由她所在的某个企业组织的。她告诉我，培训气氛非常热烈，许多人甚至还号啕大哭。这让我产生了疑惑，什么样的培训会让参与者当场大哭？我警觉到她使用的语气中含着一丝难以言状的亢奋，于是详细地询问了当时的情形。原来这根本就不是什么业务培训，我们暂且美其名曰“破冰”。在培训过程中，所有人的通信设备全部上交，相当于他们被关进了一个封闭的空间。同时,他们被迫通过集体喊口号、惩罚自己等手段进行所谓的“突破极限”。老师们还对这批培训学员进行“鞭策”。比如他们会说：和你差不多年龄的人都开上了宝马，你还在挤公交，比你小的人都已经当大老板了，你还是个跑腿的，为什么？对，就是因为你没用！你有没有用？（对方可能会小声地说：我没用。注意，这可不是私人的谈话,而是在教室里进行的。）对不起,我没听见,你到底有没有用？（我没用。）大声点！（我没用！）

通过摧毁对方的自尊心，进一步破坏对方的价值观，进而灌输伪逻辑，是这类培训典型的洗脑做法。我后来在网上查了一下，这类的培训机构并不在少数，套路也五花八门，有强迫对方把自己当成三岁孩子的，有强迫乞讨的，有相互打耳光的，简直和邪教的手段一模一样。在一个封闭的场所,在群体的促动下,人的思维容易陷入“休克”,自我身份会完全丧失，在企业员工身份和个人特性上，后者被完全抹杀。这一点，看过《斯坦福监狱实验》的人应该非常了解。

事实上，洗脑一直是人类的特长，在人类历史上，大量的洗脑通过宗教活动、个人崇拜进行。人类社会历史很可能是一部个体意识和社会身份冲突的历史。关键在于，高敏感人格的人往往个人意识非常强烈，非常注重自我感受，一旦和社会身份相冲突，就会出现个人对抗环境的局面，这是引起神经症并且持续焦虑的重要原因——我们处在想取得身份认同而不可得的境遇。

如果说洗脑培训是一个极端，我们还可以探究一下其他的方式。任何一类组织都会想办法通过打造自己的文化认同来取得行动的一致性，学校、企业都不例外。有人曾经总结出 36 条企业洗脑的方式，包括和领导一同进餐、回母校宣传公司等。据说沃尔玛员工在进入企业时都要跟着主管发誓：当顾客离我有3米时，我将会微笑，我将看着他的眼睛，并且和他打招呼……就连我所在的小县城，每天早上也会看见员工在店门口一字排开，跟着主管大声地喊口号。而所有企业最常用的方式就是通过张贴排行榜、评选销售冠军和“今日明星”，来增强员工之间的竞争意识。

这些方式很多以企业文化或者企业发展理念之类的噱头存在。它们似乎促进了员工对企业理念的认同，但实质上却是解构个人意识的过程。这意味着“你是谁”并不重要，“你能否融入”才是关键。“融入”已经成为我们日常的关键词，而这个关键词也已经得到了我们普遍意义上的认同。因为我们都明白，唯有融入环境，我们才能顺利生存下去。

很少有人质疑这种方式的正确性和合理性，因为它已经成为社会运转机制的组成部分。但是这样会出现两种结果：一是人作为个体如果完成了精神改造，他将丧失自我，成为一部社会性机器（这似乎正是社会组织所需要的），而且如果改造过程并不顺利（比如在业绩排行榜上基本垫底），个体不仅丧失自我，也得不到集体的认同；二是如果个人意识顽强抵抗，就会产生持续的心理冲突，尤其对那些无法顺利和他人交流的人来说，这种机制犹如地狱。请注意，我在这里讲的并非不迟到、不早退等正常规章制度，而是一种价值认同与自由意志的冲突。也就是说，在“正常”的社会运转当中，我们要工作要生存，就必须投身到某个社会组织当中（哪怕是自由职业者也要受此限制），一旦这个社会组织有一套自己的价值体系（伪价值或近似于价值的理念），它就会对我们提出“融入体系”的要求，我们要么想办法将自己的价值观和其保持一致，要么主动或被动地改造自己的价值观。当然，也有一部分人能够顺利地在其中混日子，其实这类人本身就没有什么所谓恒定的价值观。在任何组织，浑水摸鱼者并不在少数。但是，这对感觉敏锐、情感丰富、惯于追求体验的人提出了严峻的挑战，他们极其重视自己内心的自由意志，无法做到真正的“融入”，但出于生存需要却不得不改造自己，这种痛苦常人恐怕无法理解。

披头士吉他手乔治·哈里森有一首歌叫作 *Brainwashed*，歌词翻译过来是这样的："洗脑出现在你睡觉的时候，在你堵车的时候，在你哭泣的时候，出现在你还坐在婴儿车的时候……洗脑来自媒体、来自手机、来自卫星……来自国王和女王、来自露天场合、来自台前幕后……”这个伟大的乐手在生命的尽头领悟到了这一点：洗脑无处不在，个人意志无处逃生，无可反抗。

•

如果环境只是给予我们暗示，尽管对高敏感人格的人来说会出现一系列的矛盾，但基于此产生的焦虑只是一种普遍意义的存在。比如我们不管是否属于高敏感人群，恐怕手机不在身边时都会出现焦虑现象，各种瘾症也并非神经症患者独有。哪怕为了生存，我们不得不进行社会价值认同或自我改造，这种痛苦也只是基于理想主义和现实的矛盾。也就是说，无论你是否为神经症患者，外在环境是一样的，只是个体反应不同而已。所以当我在家里露出痛苦的神色并准备一吐工作的不快时，父亲总是回给我一句：别人不也是这样的吗？这句话总是让我哑口无言。你永远无法用语言精准地告诉别人神经症患者承受的痛苦。

对神经症患者来说，深层次的焦虑本身和恐惧其实非常相近，这也正是我们平常所称的恐惧症：因为我们所处的环境和他人并没有什么不同，所以找不出引发恐惧的任何具体原因，但焦虑和恐惧的心理阴影却明明白白地存在着。这又是为什么？它和环境以及背后的文化观念有关系吗？

让我以烟瘾为例阐述环境和恐惧之间的关系。有位叫亚伦·卡尔的英国人写了一本书叫作《这书能让你戒烟》，对吸烟者的心理进行了极其精彩的描述，同时也指出，让我们吸烟的恰恰就是这个天天劝我们戒烟的环境。他说，吸烟者每天都生活在恐惧当中，他们害怕因抽烟患上肺癌，害怕因抽烟死去，但就是戒不了烟。我们总是以为这群人意志力过于薄弱，却从来没有想过，恰恰是因为害怕，所以他们才抽烟。他甚至指出，“戒烟”这个词本身就是在误导我们，戒的前提是我们喜欢抽烟，而事实是，几乎没有几个人喜欢“吸烟”本身。他正确地诠释了吸烟者的心理，也正确解构了“喜欢”这个表象性的概念。

为了让烟民远离烟草，政府似乎做了大量的工作，比如调高香烟的价格。我还从来没看到哪项指令会像调高香烟价格这样执行得如此迅速。其结果是，烟民并没有减少，相反，烟民年龄还不断地下探，不过是给某些机构多了一笔极其可观的收入。比如在香烟的外包装上贴一些恶心的图片：一个烂掉的肺、一个骷髅图形、妻儿痛苦掩鼻的场景……他们想当然地以为，烟民看到这些图片，就会产生恐惧和内疚，抽烟的欲望就会减少。事实是烟民确实会恐惧和内疚，但这种情感只会促使他们的神经加倍紧张，为了缓减紧张，他们下意识的行为就是点上一支烟。可以说，这样的方法让想戒烟而不可得的烟民陷入了万劫不复的境地。

对神经症患者来说，恐惧和烟瘾极其相似。一些轻微的举动都能引起他们的恐惧，比如别人无心说的一句话、车在半路抛锚、孩子发烧……哪怕没有这些实质性的事例，神经症患者也会时不时出现和恐惧相同的身体反应（和尼古丁缺失极为相似），比如心悸、胸闷和呼吸短促。他们总觉得会有不好的事情即将发生，洗脸时，等车时，他们都会陷入恐惧的臆想，就像刺猬那样随时防备着敌人来袭。恐惧成了他们的本能，甚至可以这样描述：他们总是先出现类似恐惧的情绪，再为这种恐惧寻找现实的理由，如果找不到，恐惧就会进一步加重，因为找不到恐惧产生的原因才是最大的恐惧。这种恐惧持续时间越长，想要消除恐惧的念头也会越强烈，冲突进一步加剧，最终可能会演化为观念性强迫症，即逼迫自己恐惧。这时，头脑仿佛已经成了自己的死敌，千方百计想要让自己瑟瑟发抖。

没有经历过恐惧症的人根本无法体会自己和自己作对的痛苦。偏偏这时候，以竞争为要义的社会环境就扮演了为虎作伥的角色。各种绩效考核成了恐惧完美的注脚，这几年流行的“问责追责”也成了上级部门最喜欢挂在嘴上的词语。我们发现，整个社会的运转似乎是建立在威胁和恐吓之上的，它的核心机制在告诉我们：一旦发生什么事，我们就必须承担什么样的后果。这就是所谓的“压力传导”，是社会机制对待人们的最基本的方式。

除了工作上的压力，媒体在煽动恐惧情绪上也是功不可没。随手打开资讯网页，你都能找到无数恐惧的理由。有时甚至不需要我们主动打开网页，这些资讯都能通过弹窗的形式蛮横地出现在我们面前，头条上赤裸裸地写着哪里的孩子被老师虐待了，哪里的老师被学生殴打了，哪里的出租车司机又杀人了，哪里的高铁又有乘客霸座了，哪里的老人又被保姆欺负了……甚至在没有确凿事实根据的情况下，许多媒体还学会捕风捉影妄自推断，把网民引到舆论一边后，再来一个逆转。

为了提升舆论影响力，媒体还会用“×××，你怎么看？”之类的标题来引发网民的讨论。那些被称为“键盘侠”的网民自然不会放过这种机会，于是，舆论造势就这样风生水起。至于当事人会遭受怎样的痛苦，就和媒体没什么关系了。这样的现象是我们这个时代的通病，倒并非中国所独有。正如古斯塔夫·勒庞在《乌合之众》中阐述的，引发群体效应的从来不是理性思维，而是情绪本身。这意味着一个群体在意的根本不是“我怎么看”，而是通过评论来发泄自己的情绪，并以为这样的发泄是正当的，甚至是正义的。这就会出现一种很怪异的现象：越是不具备判断力和基本逻辑思维的人越喜欢评论，因为他们对自己的思维结构没有基本的认知。无知者无畏，大概就是对这些现象最精准的描述了。客观地讲，《乌合之众》这本书并没有所谓心理研究的要素，许多内容与其说是研究不如说是作者的主观臆断，但在社会心理研究文本稀缺的前提下，这本书至少点明了群体心理是具备暴力性质的。虽然这是我们早就知道的事实。

现在，我们还把这群喜欢看热闹的人叫作“吃瓜群众”。且不论这是否有侮辱“群众”之嫌，事实上这瓜也是极不好吃的。媒体通过一桩又一桩负面新闻对你的头脑进行暗示，它们在变相地告诉你：这个世界是极不安全的，你周围全是坏人，坐出租车时你得谨防对方是个性变态，送儿子上幼儿园你得注意教师是不是虐待狂，走在路上你还得小心有人碰瓷，待在家里总行了吧？不，你还得小心送货上门的快递员。这样的讯息时时刻刻在改造你的大脑神经，你的身体根据神经反应要时刻做出防卫的准备，你会变得越来越焦虑，且不知道这种焦虑产生的根源在哪儿。当你深受资讯的暗示，绝对不会一点儿代价都没有。

媒体的暗示能力不容小觑，因为他们知道我们在注意（害怕）什么。

如果说哪个国家对恐怖分子最为敏感，恐怕就是美国了。涉及恐怖主义的资讯能够在美国媒体大行其道，主要是媒体有足够的信心认为，这样做能够吸引人们的注意力。尤瓦尔·赫拉利在《未来简史》中说："就本质而言，恐怖主义就是一种表演。恐怖分子安排一场令人惊恐的暴力演出，抓住我们的想象，让我们以为自己即将再次陷入中世纪那种混乱当中。于是，各国常常觉得需要对这场恐怖演出做出回应，便刻意上演一场安全的大戏，比如迫害某地区全体人民，或是入侵其他国家，以显示其国力强大。在大多数时候，这种对恐怖主义的过度反应，反而比恐怖主义本身造成的安全威胁更大。"这句话大概是对恐惧极好的注解。心理学上有"聚焦"的说法，当美国人把焦点聚焦在"恐怖主义"这个词上时，脑海里一定会浮现出"9·11"事件，所以，他们并不会把开车、暴饮暴食当成最大的威胁，虽然死于这两者的人数远远高于恐怖主义，但因为它们不能形成焦点，所以不会引发群体的恐惧心理。

相对而言，中国人对恐怖主义的概念并不那么敏感。但是，如果日本或美国政府有一点儿风吹草动，就会极大地刺激中国人的神经。这同样是一种"聚焦"效应。聪明的媒体恰恰是利用了这样的聚焦来传播资讯，他们给人们想看的东西，如此而已。所以我们会发现，越是带情绪的文字越能引起人们的情绪反应，而媒体（包括自媒体）一旦放弃自己的社会责任，它就不再有耐心去探究事件背后的深层次原因，不再花心思为改良社会机制而努力，原因也很简单，比起探究为什么幼儿园会出现教师虐待儿童的深层次原因、教师的心理健康问题、学校的安全机制建立、信息的公开透明等，还不如一句“让这位教师的儿子也给人虐待一下”更让人解气。毕竟资讯像流水，在互联网上能维持的热度不超过三天。

•

焦虑是一种缺乏安全感的表现。如果环境制造了太多关于恐惧的暗示，不仅个人会有患上神经症的风险，就连整个社会群体都会产生持续焦虑的现象。而这一点，心理咨询师是无能为力的。理由很简单，从弗洛伊德开始，到新弗洛伊德主义，再到行为认知和情绪认知疗法，心理学和神经科学（这两者最后殊途同归）往往只能从个体身上着手，无法从社会背景和文化中去挖掘焦虑、抑郁和恐惧的深层次意义。这个重任基本上交到了社会学家手中，但是，社会学家首先要具备社会心理研究的基本常识，不能动不动就拿出政治经济学原理来。也就是说，心理学原本是一门综合性的科学，但最终会被割裂，不完整性是它的特征。

问题在于，如果整个社会环境在精神上刺激你，行为上限制你，规则上束缚你，你又该如何保持自己的身心健康？如果我们回忆一下，会发现从小学开始，我们就接受了语文、数学、英语的填鸭式教育，但从来没有人告诉我们在矛盾冲突的环境下如何与自己相处、如何接纳自己。相反，学校还自诩为社会的净土，从来不曾想过这批从净土走出的学生迟早要走进社会的染缸。这就意味着在心理认知和思维观察方面，我们其实是一个纯正的“文盲”。我们总是等出现了问题再进行补课，补课过程中也没有人教我们正确的处世方式。

时时有人告诉我们，不应该从外部去寻找原因，原因都在自己身上。理由刚才已经说过，并不是每一个人在同一种环境下都会抑郁和焦虑。但当我们退一步去观察自身和环境的关系时，会发现这是一个伪命题，把原因都揽到自己身上恰恰就是神经官能症患者最喜欢做的事。还有一些人试图从基因学下手，认为我们之所以会比别人更容易焦虑，是基因的问题。基因决定论甚嚣尘上，正如安德斯·艾利克森在《刻意练习》中阐述的那样，智力、天赋、基因遗传本身并没有想象中那么有用，他强调说，一个有杰出能力的人一定会具有某种“心理表征”。这是后天习得的。

如果我们观察孤独症患者，会发现他们很少会受外界的影响（这被看成一种症状），是因为和外界的沟通方式有落差。比如阿斯伯格症患者无法理解语言背后的隐喻，所以他们相对而言接受暗示的可能性会大大减少。请试着想象一下，如果一天到晚都有一只大喇叭对着你，每时每刻都告诉你这个世界快完蛋了，任凭你有再强大的基因，恐怕也抵制不了。

但是，请记住，我想要揭示的仅仅是“环境不断给我们负面暗示且我们无力摆脱”这样一个事实，它是我们产生神经症的必要条件而非充分条件。问题在于，我们按照环境的暗示被动地改造了自己的思维模式，且无法处理内心的冲突。除了承认这一事实，其余都不过是一种逃避而已。神经症恰恰就是一种逃避而无所得的表现。比如我们把“生活应该轻松自由”当成一种预设和现实进行比对，就会产生焦虑。所以，只有承认环境就是这样糟糕，我们才有直面旧有思维模式的可能。不管专家学者把心理疗法讲得如何天花乱坠，其本质也不过是“直面苦难”而已。

# 4 固化思维

## 为什么你的脖子上长着别人的脑袋？

阿尔伯特·埃利斯

你可以思考，你可以思考你所思考的，

你甚至还可以思考你为什么思考你所思考的。

达伦·布朗是英国较有影响力的魔术师、催眠师，或者说心理学家。说他是心理学家其实有些牵强，因为他似乎没有做过像样的研究，至少没有自称为某某学派的心理大师。近年来，他除了上电视表演魔术，还做了几件比较轰动的事：第一件是用一把真枪顶着自己脑袋做俄罗斯轮盘的游戏。第二件是用 72 分钟把一个普通人活生生变成了杀人犯。第二件事总共做了四次实验，其中有三次是成功的，唯一失败的那次，被蒙在鼓里的实验对象在最后阶段实施杀人时犹豫了。第三件是用实验证明了催眠杀人并且在杀人后消除对方记忆的可能性。

在把普通人变成杀人犯的真人秀中，达伦·布朗组织了一场“宴会”，并挑选了一个屈从性较强的人参加，事情的关键在于，宴会中只有这个屈从性强的人在不知情的情况下穿了便装。一见到身边皆是西装革履的“高级人士”，这位“参与者”马上陷入身份惶恐，当有人把他当服务员使唤时，他莫名其妙地服从了。这是第一步，通过环境认同增强参与者的自卑感。在另外一个“演员”（身份为宴会策划者）的教唆下，他还把素食的小旗子插到了火腿面包上，配合着干了第一件坏事。这是第二步，为了寻求身份认同放弃自己真正的想法。真正的考验来了，在宴会中突然有人“昏倒”，只有参与者和那位“演员”在场，等参与者拿药回来时，“演员”告诉他，昏倒者死了。“演员”

严肃地表明，这场高级宴会无论如何必须正常进行，绝不能让别人知道有人在宴会上猝死，否则后果不堪设想。他提出，要两人一起把“尸体”藏起来。这是第三步，也是最关键的一步，身份屈从变成了从属关系。四次实验中所有的参与者都配合了“藏尸”行为。但是，这一行为让参与者产生了强烈的内心冲突，听从命令和害怕恶行暴露的矛盾折磨着参与者，让他无法再进行理性思考。同时在宴会期间，“演员”们不断地制造“尸体”会被发现的危机，让参与者精神持续高度紧张。结果，参与者发现“尸体”竟然复活在天台上，这一发现让参与者的神经彻底崩溃，他已经被本能的恐惧所控制，在周围人的怂恿下，为了确保“安全感”，3/4 的参与者选择将这位复活的人士推下天台。这是最后一步，通过屈从性让参与者从帮凶升级为主谋。至此，实验结束。

在整个实验过程中，参与者的自我身份认知越来越少，直到最后完全屈服于环境和本能防御。达伦 · 布朗想要证明的是，对权威毫无条件的屈从，已经成为现代人生活的一部分。熊培云写过一篇《世界离独裁只有五天》的文章，但达伦 · 布朗把时间大大地缩短了。他的手法并不复杂，只是巧妙地利用了环境来增强人的屈从性。当一大群人围着你劝你去杀人，在当时的情况下你说不定真的会动手。但在这之前，如果我们跳开环境去审视这个过程，你也许会和我一样感到不可思议：换成我，怎么可能会做这样的蠢事？

我们真的没干过这样的蠢事？当然，我们没有杀过人，但其他事呢？

事实上，没接受过催眠的人恐怕也很难想象，我们这种具有主观意识的人竟然会受制于催眠师的声音，他让我们动弹不得，我们就真的无法动弹。根据催眠大师奥德蒙·麦吉尔[1]的描述，许多人在结束催眠后始终否认自己真的被催眠，所有的行为都是他们“自愿”做的。接受暗示和抵制受控的矛盾在他们身上表现得淋漓尽致。

在上一章，我已经阐述了环境总是对个体进行暗示和洗脑的观点，这是商业运转机制带来的必然后果，也是一个神不知鬼不觉的过程。虽然整个过程几乎对所有人都有效，只不过对高敏感人群（屈从性较强的人群）来说，其引发的影响更剧烈一些。高度敏感者虽然自我意识非常强烈，但他的自我认知非常不稳定，总是处于自我怀疑的状态中，所以屈从性很强。在公共场合，他很难鼓起勇气去表达自己的观点，哪怕他是个极有想法的人，表达本身却成了阻碍。尤其是当周围的人都抱有一致的想法时，即使这个想法一看就很蠢很荒谬，他也会屈从。可是事后，他又会为“不敢表达”而羞愧。他或许是个高傲的人，但高傲绝非自信。

和一些主流的心理学观点不同，我倾向于人的社会属性本质上是社会环境刺激的产物，或者更简明一点儿，**人本身就是一个具体时代下的文化产物，**人格中不掺杂环境文化因素几乎是不可能的事。这意味着要去了解神经症，就必须先理清楚人和环境之间的关系。当然，这里的环境是动态的，包括过去和当下，甚至虚拟的未来。人有观察、模仿和学习的能力，但这种能力并非没有弱点，主要表现于脑神经会接受暗示和刺激，并会根据对环境做出的解读（不管这种解读是否正确和客观）直接表现本能的防御性反应。从这一心理层面去解读，我们就能理解为什么两个陌生人会因为一点儿小事在公共场合大打出

1 奥德蒙·麦吉尔：美国著名的魔术师和催眠师。著有《催眠术圣经》。

手，这不仅关系到他们所谓的道德素质，更重要的是，环境（主观意识所解读的环境）让他们丧失了基本安全感。事实上，愤怒的本质就是恐惧和焦虑。

请注意，**神经症患者还会因为过去的刺激而在当下做出反应**，哪怕这种刺激的现实性后果已经荡然无存。比如如果我们曾经在过去的某场酒席上失态（失控）过，那么在相似的环境中我们就会产生失控的恐惧感，哪怕并没有失控的因素存在。可怕的是，这种反应几乎不可控。一旦让不可控的情绪占上风，人就会陷入焦虑和恐惧，并相应做出一些极端的行为。达伦·布朗的实验也证明了这一点。

这个过程并不复杂，和"一朝被蛇咬，十年怕井绳"是一个道理。哪怕刺激源已经不存在，暗示和刺激给予的压力仍然留存在我们的脑神经中，并在环境中做出不恰当的反应。再进一步，如果环境不断地给我们刺激和暗示，我们的反应就会形成固化的本能的思维，正如一条河流随着岁月流逝河床渐渐升高。**我将它称为固化思维，这是本书讲述的重点**。固化思维的形成是一个逐渐积累但难以被察觉的过程，并不具备明显的心理创伤。也就是说，神经症和心理创伤是有区别的，前者正如河里的石头经过打磨最后成为鹅卵石的形状，而后者则有典型的、现实的突发性事件作为基础。所以，大部分神经症患者回望过去，并不能总结是什么塑造了他们的性格和气质特征，同样也不能总结为什么自己会比别人更容易焦虑。他们没有意识到认知这个世界以及自我认知的方式并不是一朝一夕形成，所以会把"消除焦虑"作为第一目标，但这样做显然违背了心理发展的规律。神经症患者消除负面情绪的急迫心情同样是一种本能反应，他们没有能力去梳理负面情绪背后的思维模式，以及思维模式产生的根源。

•

一旦固化思维形成，就会成为一座难以突破的牢笼，任凭你怎样折腾，它都有力量将你拉回原处，让你陷入“难以改变自己”的精神困境。比如一个憎恨自己父亲品性的人，成长后会发现自己在品性方面越来越像父亲，他不会明白为什么会出现这样的状况，本能和理性对抗之下，焦虑会持续存在。于是，他从憎恨父亲转变成憎恨自己变成父亲那样的人，将思维聚焦在对自己的不满上，内心的理性思维和固化思维产生了激烈的冲突。这种冲突的结局是：**他认为自己现在的状态是不正常的，不正常的状态必须尽早改变**。在改变不可实现的前提下，他会不断想起父亲责骂自己的场景，也会把这个情景无意识地转移到自己和子女的关系中去，并为此不断地承受自责和愧疚。

对环境的屈从并不难被察觉，但察觉的结果会让神经症患者过度反省。惯于预设自我完美形象的人会对自身存在的屈从性感到无比的屈辱，所有的表现都在告诉他：他已经成为自己不想成为的人了。这恰恰是他最不想承认的。察觉和改变是两回事，哪怕他下定决心今后一定要坚持自我，一旦进入领导办公室或参加同事聚会时屈从性可能又会故态萌发。他陷入一个死结，而这死结就是固化思维的结果。

神经症患者会否认固化思维的存在，因此会造成自我认知和他人认知的落差。也就是说，我们眼中的自己和他人眼中的自己有时候差距很大，显然，这两种认知都不见得客观。自我认知的过程存在粉饰和逃避的成分，哪怕屈从性再强，患者也会认为至少自己具有极其独立的思想和人格，只是不屑于表达而已。而他人认知则通过我们的行为来实现，因为神经症患者的防御本能，旁人很少关注也没有途径关注他们的内心世界，能获知的只能是固化思维所表现的那个人，因此会给他贴上一成不变的标签。这对急需获得他人认可的神经症患者来说是极为不利的。

我们的行为极大部分都是固化思维操控的结果。这种操控的强悍之处在于：哪怕我们已经阅读了大量的心理学著作，拥有了需要的知识结构，知道了思维的运作模式，也无法绕开它，更别提取代它的位置。固化思维模式的运作快如闪电，你无法用理智去遏制它，在处理人际关系的过程中，你也没有更多的时间去调整自己。所以，把这一切仅仅归结为自己不够努力，显然是一件极为可笑的事。

理性敌不过固化思维，这是一个不争的事实。这种固化思维和正念大师们所讲的“杂念”有本质的区别。我喜欢把“杂念”形容成精神排泄物。不管是否为神经症患者，让人无法保持平静的杂念都会存在。据某些机构称，人在3秒钟内就会产生一个想法，但是除非我们坐下来冥想，否则根本无法察觉。但这些杂念本身并无意义，也没有相应的模式去支撑。当然，每个人都有自己的固化模式，和神经症患者不同的是，其他人并不会因固化模式的存在而感到焦虑，他们适应了这一模式的存在，按照这一模式去生活不会给他们带来太大的困扰。但是，神经症患者敏锐的觉察力以及过度反省会和固化模式产生冲突，不是固化模式带来痛苦，**带来痛苦的是冲突本身**。

•

察觉固化思维的存在对神经症患者具有极其重要的意义。正如之前所说，固化思维很大程度上是社会环境（尤其是早期的家庭环境）长期的暗示和刺激造成的，并未经过个人意识的深入改造，但是我们很难察觉这一点，以至于会产生这样一个错觉：我以为我所说的正是我所想的；**我以为选择权掌握在自己手中，这是我主动选择的，怪不得别人。**

正如达伦·布朗在实验中表明的那样，参与者一步一步丧失了自我，但他在整个过程中并未意识到这一点。就连他自己也会这样认为：包括“藏尸”在内，所有的行为都是自发的。表面上看，他有众多的选择，他完全可以声明自己的主张，甚至可以从一开始就表明自己不是服务员。但是，屈从性致使这些选择权完全丧失，而这是一个隐性的过程，是其神经结构所决定的。我们在评价别人的时候，并不会把这个因素考虑在内。

作为社会中普通的一分子，看上去我们被赋予的选择权非常多，在法律允许范围内我们有做和不做的自由，说和不说的自由，更有做什么和说什么的自由。以至于现在社会上非常流行一种观点：如果说孩子没有选择权，那么作为成年人，现在所有的状况都是由你自己造成的。哪怕你的父母曾经给你造成了伤痕，但你现在是成年人，你有能力去选择和改变自己的生活。

但是这个观点只说对了一半。如果我们用固化思维的角度去看，会发现其实我们的选择权并没有想象中那么多，环境以一种极其隐匿的方式限制了我们，改造了我们的思维方式。正如我们面前摆着许多张牌，但你会揭哪张牌面早就被固化思维决定好了。**成年人更多的是指生理的自然发展，和心智成熟完全是两回事。也就是说，年龄增长并不代表我们心智成熟。**比如老年人也是会碰瓷的，两个成年人之间发生口角的过程有时和孩子之间处理矛盾的方式并没有什么不同。我们很大程度上不过是一个被固化思维控制而不自知的巨婴。

单纯用表面现象去指责巨婴行为是片面的，而且也没有任何意义。心智成熟意味着我们能够在正视固化思维的基础上进行突破，我们能够用更高级的思辨性的思维方式支配行为，有意识地支持神经元的正向连接。这种思辨思维是对外界信息的又一次改造，不仅是对外界的观察，更是对自己想法的质疑和提升。它是我们人类独有的一种思维模式，是思考之上的思考，认知心理学将它称之为“元认知”。它的前提是我们能掌握基本的心理规律，直面固化思维带来的各类负面情绪。遗憾的是，整个社会教育体系并没有从外围帮助我们如何观察自己以及如何提升心智，我们像无头苍蝇一样撞得头破血流后才会去思考这些问题。

在我们如何产生意识这个问题上，科学界至今仍然没有统一的说法，可以说和宇宙如何诞生一样是个谜题。但是，意识是由大脑产生的，而大脑通过 1000 亿个神经元之间的相互连接而产生各类信息，这点已经成为共识。据说，每个神经元至少能够连接 1000 个神经元，我们很难想象这是怎样的排列组合。值得注意的是，这种连接并非恒定，神经元可以改变连接方式，无数的科学实验也证明了这一点。当我们使用固化思维的时候，神经元的连接模式不会变化，所以我们总是难以自控。

固化思维就像存在于我们头脑中自动运转的机器，所有的养料都来自过去的暗示和刺激。不过，请容许我再重复一遍，每个人都有属于自己的固化思维，固化思维本身并不会带来神经症，更不会让人陷入精神痛苦。**高敏感人群之所以比别人更容易陷入痛苦，恰恰是因为意识到了固化思维的存在**。更准确地说，他意识到了内心深处有一股力量并不受自己控制，自己想要做的和现实中真正所做的彼此形成了矛盾。我们不见得有理解思维运作模式的能力，但或多或少都能察觉到固化思维带来的负面效应。我们想要做真正的自己，即想要全面实现自我控制，这就意味着必须摆脱那股力量，我们和那股力量做着艰苦卓绝的斗争，但在没有掌握规律的情况下只能面对必然的失败，正是这种反复纠缠的过程让我们感到无比痛苦。

但这种痛苦并不是没有意义，这意味着我们的心智在渴望着成长。神经症患者缺少的永远不是斗志，而是方法。因为他（她）可能长久以来一直在和精神痛苦做斗争，这期间培养的韧性是常人难以企及的。白痴之所以不可能得神经症，是因为他们意识不到矛盾的存在，他只是靠思维本能在处理有限的事务。这不是简单的智力区别，而是大脑中处理情感和思维的区域在发挥作用。这意味着不是我们意志力差，而是我们的情感功能过于复杂，交感神经过于活跃。没有对神经科学的基础认知，改变自我只能是空谈。

•

在固化思维模式中，身份或角色认同有着极其重要的作用。试想一下，如果我们现在放下所有的身份认同，比如工作的职位、家庭的角色等，那么它带来的痛苦会马上减少。所以，很多人像我一样，为缓解痛苦会不断地去换岗位，试图以此摆脱角色带来的负担。理由很简单：那份工作并不适合我们，或者领导太严苛，或者同事太难相处。但事实证明这一方法根本没有效果。当然，也有通过改变身份获得积极心态的例子，比如上班族辞职去开民宿，或者副市长辞职去当老师等，但我敢肯定，这类人定然没有明显的神经症，因为屈从性强的人是无法轻易摆脱角色标签的，这种选择会让他们产生一定的负罪感。

对神经症患者来说，摆脱角色绝对不是一件轻易能办到的事。事实上，他们会花极大的精力投入角色当中，哪怕这个角色并不为他所喜欢。我是从自己身上发现这个事实的，我自认在工作中是极其认真的人，这种认真伴随着极其强烈的焦虑感，只要没有完成哪项工作，我就寝食难安，会随时随地对照细节强迫性地一遍又一遍地检查，生怕某个环节出错，哪怕知道已经万无一失，焦虑感仍然难以摆脱。但这样做并不是为了求得别人的高评价，而仅仅是出于对“出错”本身以及对别人批评的恐惧。

身份认同还会在固化思维中扮演一种“申辩人”的角色。你在焦虑中会对自己的“错误”进行申辩，这种申辩建立在虚拟的基础上，即你所犯的错误目前并未发生，将来也不见得会发生，**但它的确在你的脑海当中发生了**。你的神经结构在自导自演一幕剧，在剧中你既是受害者，也是自己的辩护律师，你为自己寻找着各种借口，如同一个上课迟到的孩子在寻找各种虚无的理由。没有神经症的人很难想象神经症患者会在脑子当中这样进行自我折磨，这完全是“自寻烦恼”的方式。但对身份认同者来说，这种申诉行为有其独特的心理机制：他绝不想承认自己会犯错误，绝不能接受被人横加指责，但他只能通过“申辩”这一行为来保护自己。他没有想到的是，之所以有这样不可控的臆想，其根本原因在于自己接受不了自己，所以只能通过他人的身份认同来满足自己的心理落差。尽管整个心理机制的运作过程远比我所讲的要复杂，但其归结点依然回到了自我认同这一老问题上。

固化思维的两个心理特征分别落脚于自我和外界上：**我们太不完美，外界太不安全**。所以它会下意识地指出一个方向：只有我们变得极为强大，能够控制自己，足以让外界认同，我们才能在这个不安全的世界生存下来。可怕的是，这是一条我们根本实现不了的路径。一方面，我们已经为了取得身份认同自动放弃自我的主张，主动去做那些完全不喜欢的工作，主动去附和别人（包括领导、同事和父母），这样的付出令我们无比痛苦；另一方面，我们却敏锐地察觉到自己所有的努力并没有取得预想的效果，因为不懂拒绝、不敢拒绝，许多任务不知不觉地堆到了自己的身上。为了取得身份认同而努力，其结果却是不想干的工作越来越多，而他人的认可依然没有任何显著的变化，没人因为自己的努力而认同自己。随着这两个方面的冲突越来越深，我们显然没有能力重新弥补这种日益加大的分裂感，所以在某个节点，当我们绝望地发现这种差距再也无法缩短时，所有的情绪就会集中爆发。我们会不加控制地在工作场合发牢骚，甚至不合时宜地赌气，和同事、领导以及父母发生口角。一瞬间，我们的行为变得极其幼稚。这正是我刚才所讲的巨婴行为，这一行为背后的心理规律就是：当我们无法保护自我时，会自动缩回到童年时期。不过我们很快会为这种爆发感到后悔，一想到自己的幼稚行为会让之前的努力毁于一旦，我们就会陷入可怕的恐惧当中。如此循环往复，不仅会给别人留下心智不成熟的印象，神经症患者本身在职场和家庭中的角色定位也会趋于混乱。

•

在这里，我们要通过固化思维再次辨析几个被我们普遍认同但实质却发挥不了任何作用的观点，因为对我们这些长期被抑郁和焦虑折磨的人来说，这实在太重要了。

**其一是痛苦源于欲望太多。**观点的指归是要让我们舍得，让我们放下。这是一个极其简单粗暴的过程：既然欲望导致痛苦，减少欲望就行了。但是，身份认同是极难摆脱的。追求财富是因为我们有了贫穷的认知，追求爱是因为我们有了孤独的认知。和神经症患者相比，普通人也会追求财富和爱，但在目的上存在明显的不同，神经症患者的立足点在于改变现状，而非把财富和爱作为追求本身（那只是一个幌子）。痛苦并非源于欲望太多，除非所有的欲望都建立在接受不了现实这一基础上，否则它还会成为我们追求目标的动力。换言之，不是未来太美好，而是我们觉得现实太糟糕，以逃避的理由去追求不可期的未来。

**其二是痛苦源于内心不够强大**。在我理解，所谓内心不够强大，可能是指我们受挫力不够强悍。但如果有人让我选出谁是这个世界上最坚强的人，我一定会说是神经症患者。有趣的是，那些看似乐观的人也许会因为一件突发事故而萎靡不振，但神经症患者每天都在接受噩耗，哪怕没有噩耗他们也会在脑海当中假想噩耗，一旦真有不好的事发生反而会让他们的神经症趋于好转。一个母亲会因为担心子女生病而焦虑，但如果子女真的生病，她反而会停止焦虑，开始一心一意照顾子女身体，因为这件事在她心里已经演练了无数遍。

**其三是痛苦源于焦虑**。这恐怕是我们在和焦虑抗争的路上必然会面对的问题。只要抑郁、焦虑消失，我们的生活就会快乐幸福，这是许多所谓的专家告诉我们的。大部分神经症患者之所以去阅读许多有关心理治愈的书，就是期盼这些知识能够消除他们的焦虑感。我们且不谈抑郁和焦虑消失的可能性，举一个简单的例子：假设你现在牙痛，吃下止痛片牙齿的现状就会改变吗？孩子发高烧，只要吃退烧药就万事大吉了吗？事实上，焦虑和高烧一样，不过是身体的一个求救信号，要改变焦虑，首先得调整你对自己和世界的认知，通过突破固化思维，重新改造神经结构，重新塑造你的自我意识。这是高难度、高技巧的过程，绝不可能一蹴而就，因为你塑造固化思维所用的时间几乎和你的年龄一致。**与其说痛苦来源于焦虑，不如说痛苦来自我们无法直面焦虑。**

类似的观点还有很多，所有观点都落脚在“我”这个字上，但患者本身难以察觉。我曾经总结过关于神经症患者固化思维的大致内容，具体如下：

我必须比所有人在任何方面都优秀，否则我就是失败的。我必须做好每一件事，否则就会遭受别人的指责。我必须保护自己，想好万全之策，不能被别人指责。被人指责意味着我不受人认可，这会让我彻底地丧失尊严。我必须保护好自尊，哪怕压抑自己也必须做到这点，绝对不能被别人说三道四。我在别人面前一定要活得光鲜、活得坦荡，要临危不乱，游刃有余，否则就是失败的。我想要拥有无比的魅力，谁都能喜欢上我。这个世界是不安全的，每个人都有可能伤害我，我必须随时防备、随时抗争。防备的最好方式就是让自己变得比别人更强、更有优势地位。

面对这么多的“必须”，也许你并不认同，甚至矢口否认。从理性的角度看，谁都能看出这是一份不可能完成的任务清单，但是仔细观察自己的行为以及行为背后的焦虑情绪，你一定会从中找出属于自己的固化思维的影子。你一直是以这种“不可能”为前提去强迫自己生活的人。正是把这种“不可能”作为常态，你的生活才一直处于难以让自己满意的状态中。

但只要我们意识到自己所有的行为和行为背后的意义是固化思维

在发挥作用，是固化思维让我们成了今天这样的人，那些观点自然会分崩离析。被固化思维控制并非什么令人羞耻的事，它仅仅是一种客观现实，是我们在这个社会必然遭受的结果。抑郁、焦虑和恐惧所具有的所有意义都在告诉我们：你在戴着有色眼镜看待自己，看待这个世界，你是被固化思维欺骗的你，你的所有观点都是基于社会环境的暗示和刺激，你拥有独立的人格却不具备独立的思维，你怀疑一切却不加以思辨，你的脖子上长着的竟然是别人的脑袋。归结一句话：你根本不认识你自己。

•

总结我前期所述，也许会让你对神经症的产生有一个初步的认知。**首先**，这个社会（包括你自己）对待神经症患者并不友善，许多人觉得神经症无非就是患者想多了或者想不开，一个劲儿地钻牛角尖，甚至更有一种观点：因为我们太闲了，才会有时间整天胡思乱想。**其次**，神经症的产生基于我们的社会环境背景，也就是说，社会文化（包括商业机制在内）在不断地给我们暗示和刺激，它不在意个体是不是会产生神经症，它只在乎社会运转机制能否一直向前。**再次**，社会环境的暗示和刺激经过长期的积淀造成了我们的固化思维，而我们被固化思维控制，因为神经症患者敏感的天性，对固化思维有强烈的排斥，因此产生了焦虑情绪。在同一维度中可以用以下两个公式来表述：

1. 环境文化暗示和刺激（过去的记忆与当下现实叠加）→固化思维 = 身份认同 + 道德限制 + 其他部分

2. 固化思维 + 敏感的神经 = 内在心理冲突 = 神经症

神经症绝不特殊，它是一种普遍症状，甚至可以称为当代的社会现象。但正如我所说，心理学家和神经科学家研究的对象是个体，所以他们无法从整个社会层面去解析神经症问题。哪怕是社会心理学这样的学科，其研究的也不过是社会现象对个人的影响，其归结点还是个体。我们甚至可以这样概括，一旦神经症过于普遍，整个社会都会生病，随着这个社会日益焦虑和敏感，哪怕是美国这样发达的国家，也很难称得上是健康的国度。

你能想象一个患上了神经症的社会吗？人们缺乏安全感，相互提防，随时准备像刺猬一样保护自己；在各类身份标签中奋力拼搏，患得患失，但没有任何信念可言；用极高的道德标准去要求别人，却用各类理由为自己辩护，永远不敢声明自己的主张，却偷偷通过各类渠道发泄自己的情绪；把生活变成物质化的竞争，讲究生存策略，用财富、地位来衡量自己和别人，并理所当然地认为这是唯一的生活之道；永远爱不上别人，却想有人可以依赖，把爱当成付出和给予的等价交换……

听上去是不是非常熟悉？

我们没有任何办法去改变这样的社会，哪怕它又再次变成了社会文化因素，每天刺激和暗示下一代的孩子。我如此描述并非因为悲观，也绝没有改变社会那样的宏图大志。事实上，改变神经症唯一的实现路径是改变个体的认知，在我把这个认知过程介绍清楚以后，就必须去解构它，尽可能把藏在我们意识当中的每个点都展露出来，然后再寻求改变认知的具体方法。

# 5 固化思维

## 道德是一种可怕的武器

阿尔贝·加缪

芸芸众生亦藏匿着非人之气。

我在本书中一直想强调的是，作为神经症患者或者高敏感人群的一分子，我们应该认清自身的优势所在，而不是把自己看成病人，看成一个单纯的受害者。事实上医学界对神经症的定义本身就非常模糊，大部分的心理学分析都不认为这是一种真正意义上的精神疾病。哪怕是抑郁症（业界似乎习惯把抑郁症从神经症中划离，归入精神类疾病）和双相障碍（抑郁与狂躁交替发作），也符合心理认知范畴的所有特征。相反，在经历长久的精神痛苦后，我们不仅不能给自己贴上“病人”的标签，甚至应该给这些痛苦赋予意义。

维克多·弗兰克尔[1]是开创意义疗法的心理分析大师，也是一个经历过奥斯维辛集中营苦难的人。在他所著的《活出生命的意义》一书中，我们完全看不到对苦难的哀号。他曾说，支撑他在非人的环境中活下去的动力是今后和妻子一起生活的期待感。事实上，他的妻子早已在奥斯维辛集中营中被折磨死去。但是，他在不知情的情况下把对未来的向往作为生活的意义，一直忍受到最后摆脱牢笼。这本书给我最大的启示不是作者的坚强品质，而是坚忍和期待对我们这些人的意义。这种坚忍不在于他逃避现实，而在于他知道自己必须活下去，也应该活下去，这种信念促使他熬过了难以想象的苦难。没有经历奥

1 维克多·弗兰克尔：意义治疗与存在主义分析开创者。著有《活出生命的意义》等。

斯维辛的苦难，维克多·弗兰克尔也许还是一位心理分析家，但恐怕很难成为意义疗法的开创者。

有趣的是，维克多·弗兰克尔还证明了一点：人在苦难的环境中反而不太容易自杀。不少学者在研究奥斯维辛后发现，极少有人在集中营的非人折磨下自杀。因为那里的生活实在过于“忙碌”，有限的精力都集中于如何避免被杀，以至于没有时间好好考虑自杀的问题。这是一个典型的心理特征，试想一下，如果我们现在正在走一座独木桥，下面是万丈深渊，不管是不是神经症患者，我们都得想办法忍受着恐惧走过去，绝不至于突然有个念头钻出来：实在走不下去了，要不干脆直接往下跳吧！在这个时候，神经症奇迹般地被治愈，因为所有的内心冲突和“活下去”这个观念相比已经不再重要。所以也有人戏称神经症为“富贵病”，当然，这和事实大相径庭。但是，在摆脱集中营的生活后，不少人却因为自己活着而感到羞愧，因为有太多的人在集中营死去，他们不得不问自己：为什么只有我们还活着？是因为别人代替我们死去了吗？毕竟无论如何反省都找不到自己没有死去的理由，于是，**基于道德产生的愧疚感牢牢地控制了他们。**

事实告诉我们，真正的苦难很难打倒神经症患者，再也没有比他们更适应苦难的人了。反而是处在看似平稳的环境中，通过“温水煮青蛙”效应，他们的心理却岌岌可危，难以跳出固化思维这桶沸水。意大利作家普里莫·莱维[1]同样是奥斯维辛集中营的受害者，他极有

1 普里莫·莱维：意大利作家、化学家以及奥斯维辛174517号囚犯。著有《这是不是个人》《被淹没和被拯救的》等作品。

骨气，因为拒绝否认自己是个犹太人而遭受了许多非人的折磨。在经历过奥斯维辛的磨难后，他仍然笔耕不辍，写出了很多正能量的文字，证明“人类的精神无法被邪恶战胜”。但是，在法西斯被打败后，40多年过去，在20世纪80年代，这位作家却跳进楼梯井自杀了。他没有死在纳粹手中，却死在了神经症和抑郁症的魔爪下。

维克多·弗兰克尔和普里莫·莱维都是极其伟大的人物，但他们之间的区别就在于对道德问题的处理上。尽管两个人遭受了同样的折磨，但前者跳出了思维的框架，对过往的事实进行了观察，摆脱了道德上的限制，才开创了意义疗法。后者虽然摆脱了牢狱之灾，但后半辈子还是活在“与羞耻感做斗争”的阴影中，他并没有摆脱固有思维。所以1986年诺贝尔和平奖得主、作家埃利·威塞尔说：“早在40年前的奥斯维辛时代，莱维已死。”

再拿大人物举例子。纵观托尔斯泰、鲁迅等人物的生平，我们会发现他们一直处在道德框架内精神矛盾的痛苦当中，其实是非常典型的内心冲突。但是，恐怕没有一个心理学家能够治愈他们，因为他们的精神世界已经走到常人难以企及的境界。我们阅读这些作家的文字，会在字里行间强烈地感觉到他们的精神气质。他们在不断地解剖自己、拷问内心，因为某种形而上的因素以及现实苦难的强烈刺激，对自己内心存在的所谓“阴暗面”非常无情。他们的矛盾不再是个人内心的矛盾，不再是对个体名利的追逐和对个人身份的认同，他们走向了另一个极端：其他个体的痛苦体现在他们身上，他们能感受到普通人的精神痛苦，并且想要解决这些痛苦产生的根源。尽管这种承受源于强烈的人文意识，但还是能够归属到可疑性神经症的范畴。

显然，托尔斯泰和鲁迅已经意识到了固化思维（哪怕他们并没有使用这个词）对人类整体的影响。一个不会“多想”的人不可能感受到这一点，更不可能去试图破解人类面临的精神困境。

按照弗洛伊德的心理分析，人不仅有活下去的本能，还存在一定的死亡倾向（死本能）。但用死亡倾向去解释神经症，过于偏向自然科学的范畴，我们纵观历史，会发现许多作家、心理学家甚至哲学家都有神经症的倾向，其中有一部分人出现了对死亡这一主题的过度迷恋现象，他们不断地向生与死等终极问题发起进攻。不客气地说，在人类思想史上留名的很大一部分人都是神经症患者，他们共同印证了一个问题：**不跳出个体，从人类的、历史的、社会全局的角度去解构精神世界，就无法摆脱个人的痛苦**。这些痛苦对普通人来说是无足轻重、无关痛痒的（你会随时想到全世界还有无数孩子处于饥饿边缘并为此痛苦不已吗？），只有神经敏锐、悲天悯人的人才能感受它们的存在。如果说遗憾，就是他们未能及时逃离这些痛苦，而是毫不犹豫地将其和自身融成一体。

鲁迅先生被誉为精神世界的斗士，但在众多非议中，有一项显得分外有杀伤力，那就是他和夫人朱安的关系。鲁迅的斗志是出了名的，但在由母亲包办婚姻时，一个具有高度精神独立意识的人面对要和一个不识一字、从未谋面的女性共同生活的现实，他却失去了新青年的勇气，从未有反抗的举动。母亲把他推向了一个两难的道德境地：要么结婚毁了自己，要么把对方休了毁了她。他选择了前者。如果不是后来“善于采取主动作战”的许广平和朱安身体出现严重病痛，可能这种痛苦还不知要持续多久。但在鲁迅先生死后至今，仍有不少人拿道德问题指责他，认为他背叛了朱安。一个一生与道德作战的人死后还要被推向道德高地，这恐怕是一件可悲又可笑的事。

许多人说，我们之所以活得如此痛苦，是因为缺乏信仰。我以为，**我们这些神经症患者之所以痛苦，是因为意识不到道德在固化思维中的角色，不能接受人性与道德的冲突，痛苦的情绪才会长期存在。**信仰和道德都是文化的产物。托尔斯泰并非没有信仰，普里莫·莱维也一直坚信人类的精神，他们唯独没有做到的是对自身的接纳，未能突破道德的限制。托尔斯泰甚至认为，农奴的困苦生活自己要承担很大一部分责任，他一生当中许多行为杂糅了善意和愧疚感，才会导致最后的悲剧。

•

也许你会说，和他们相比我们只是小人物，思维上有很大的不同，不具有可比性。这是一种身份认同的典型思维。从神经结构以及固化思维模式上看，我们这些普通的神经症患者和托尔斯泰、普里莫·莱维等人并没有什么不同，只不过他们比我们更极端。赎罪是托尔斯泰写作的一大主题，也是他生活的一大写照。《复活》一书中，主人公因为自己犯下的罪而倾尽全力去偿还，现实中，托尔斯泰 80 多岁高龄独自出走，最后死在一个小车站，两者的共同出发点都是罪恶感。普里莫·莱维也一样，尽管他在书中不断强调，作为奥斯维辛的囚犯不应感到羞耻，更不应有负罪感，但这种强调的背后恰恰是他意识到了自己的愧疚感并想做出正确的解读。

事实是，一个人如果没有道德的认知，根本不可能会产生愧疚的情绪。和普通人相比，神经症患者具有无可比拟的道德感，正如我在上一章列举的公式，除身份认知外，道德感在固化思维中也扮演了极其重要的角色。神经症患者会时刻过度反省自己，总觉得自己是个自私的人（虽然表面上他会极力否认这件事），而在他预设的那个完美形象中，道德感占据了很大的位置。但这种道德感的表现形式并不明显，以至于患者本身很难察觉。比如一个女生总是找品行低下的男友，很可能不是眼光不行，而是她“认为”自己不配得到幸福。比如一个孩子平时成绩优秀却总是在大考中失利，很可能不是因为心理素质不行，而是对“我比别人优秀”有一种负罪感。这样的例子实在不胜枚举，共同的特征是当事人并没有明显感受到内疚和羞愧。

几乎所有的负罪感都和道德有关，几乎所有的道德都和社会文化有关。所以神经症才是特有文化的副产品。神经症患者的敏感注定了他们对道德问题的重视，哪怕压抑自我，也绝不允许自己“跨雷池”一步。但是，要去解构固化思维，就必须挑战道德观念，必须揭开道德这一层遮羞布，因为现实摆在眼前：整个社会强烈的道德感和物质化已经形成了明显的冲突。试想一下，不断被道德感暗示的同时又不断被物质化的现实世界刺激，神经症患者的精神会陷入怎样的痛苦当中?

要挑战这一点，几乎得挑战整个历史文化脉络，因为道德始终是作为褒义词出现在我们眼前的，在我们这个国家尤其如此。所以请原谅我班门弄斧，在这里简要地将“道德”二字做一番论述。

“道德”二字原本的意义并非指善恶的规范，“道”是指规律，是一种只可意会不可言传的东西，所以老子才说“道可道，非常道”;“德”是感知和理解，最早的意思是七星的运行规律，也通“得”。道德即指认识和理解规律。但自孔子提出“礼”开始，道德就以规范的面目出现。孔子的“仁”与“礼”有其独特的时代背景，只要翻看历史书就知道，在孔子生活的时代，他的学说并不很受待见。后来“罢黜百家，独尊儒术”之所以出现，也是因为当时的政治需要。从任何角度看，孔子和大部分的伟人一样，有着极其深刻的悲剧性。于是，一切卑鄙的统治行为都以“仁”和“礼”为幌子大行其道。到了后期，以朱熹等人为代表的理学家出现，更是提出了“存天理、灭人欲”的口号。道德和人性发展到了前所未有的对立面。“程朱理学”代表中有一个叫作程颐的人，他认为人要遵从道德，必须做到面无表情，嬉皮笑脸本身就是对道德的亵渎。即便是像王阳明这样的哲学家，他提出的“知行合一”其核心也是行为要和人的良知一致，而良知即是道德的体现。

于是，“三纲五常”出现了，妇女裹小脚出现了。这一切都是当时最为“道德”的事。这种道德受到最猛烈的批判就是在新文化运动时期，可以说，中国的道德史本质上是一部思想统治史和妇女压迫史，其涉及的对人性的迫害全部都用光鲜的外表包装起来。到了现代，我们学会了上网，熟悉计算机的操作，但“道学家”们依然不少，凡事动不动就“人心不古，道德沦丧”。我很好奇，他们是和哪个时代去比较道德呢？

•

心理学不是一门道德学说，没有好与坏、善与恶的分类，面对的是客观现实。这样的学说在古代是不曾有的。但是，道德感如果成为神经症患者思维中的一部分，我们就必须去面对。面对并非评价，心理学最忌讳的恐怕就是评价。如果我们仔细观察，会发现如果缺失了评价的环节，道德根本无处藏身。也就是说，道德本身并没有什么明确的评价标准，或者它的评价标准在每个时代完全不同，如果不去评价外界和自己，道德问题就不再重要。

所以，我想要解释的重点并非道德本身的问题，而是道德造成的内心冲突。满口的仁义道德，一肚子的男盗女娼，这样的矛盾能够奇迹般地出现在一个人的身上（去看看那些落马的贪官即可），但这个人的身上却不见得有神经症的倾向。神经症的可怕之处在于，患者给自己预设了道德标准，他发自内心地认为自己确实应该做到，他无法承受自己不符合道德标准的现实。乔纳森·弗兰岑的作品《自由》即描写过这样的人，男主人公和自己的太太毫无共同语言，但在碰见一段心灵相通的爱情时，他感到的却不是幸福的体验，而是找到爱情后引发的愧疚情绪。这种愧疚感让他意识到自己这一生都不可能再有什么爱情的喜悦。

仔细观察我们这个时代对婚姻和爱情的态度，便能够看出道德在其中的震慑力。我们不去探讨婚姻和爱情之间的关系，但如果非得涉及对婚姻的认知，它不过是一种社会文化的产物。组建家庭不是个人的事，而是社会运转的需要，但这种需要往往通过道德的名义加以规范：人在成年后，应该要结婚生子。尽管没有任何的明文规定，但这个规范却一直在发挥着极强的作用。理由很简单：没有家庭，就无法确保稳定的繁衍，无法繁衍，社会就无以为继。

婚姻通过契约的形式得以存在，同时通过环境的暗示确保其稳定：夫妻双方必须相互忠诚，如果破坏了这种忠诚，你就是道德败坏的人。这样的暗示通过各种渠道到达我们的脑神经，给了我们这样的错觉：婚姻是以爱情作为基础的，既然如此，那么夫妻双方就要对彼此忠诚。但请别忘记，哪怕是“因为爱情而结婚”这样的观点也是人类不断和道德抗争的结果，但又莫名其妙成了道德本身。几千年以来，婚姻甚至比爱情的历史要更久远，尤其是在中国，一直到20世纪，还没有几个人能够替自己的婚姻做主（看看鲁迅吧）。

古代中国对妇女的压迫很大程度体现在婚姻上，她们相比男性更没有婚姻自主权，一旦“出轨”，哪怕能够避免“沉猪笼”的命运，这一辈子也就毁了。甚至她本身并没有什么出轨的行为，只要一纸休书，她这一生也就再无翻身之日。而这一切，离我们也不过是百余年的时间。可怕的是，因为长期的环境暗示，妇女本身也将这一切视为常态，“嫁鸡随鸡嫁狗随狗”是她们所谓的道德。她们非但产生不了反抗的意识，反而将此作为自己身为“贤妻”的分内之事。道德的反面是欲望，在所有的欲望当中，女性的欲望之所以被压制得最严苛、最残酷，就在于它会毁坏当时社会运转的机制。这可能是女性患神经症比例大大高于男性的原因之一。

到了现代，“因为爱情而结婚”已经成为共识，看似婚姻已经由自己做主了，但这同样没有解决问题。爱情不是生理基础，你无法确保它会产生。如果没有爱情，因爱情而结婚就是弥天大谎。事实上，“爱情”这个概念就是值得质疑的。什么是爱情？它有什么具体的标准吗？恐怕这个问题并不是谁都能不假思索地回答，所以不少人只能凭直觉去判定。

于是婚姻成为当代一批适龄女性头上的枷锁。我身边有一大批 30 岁左右的女性没有结婚，而这种现象在其他人眼里是“不正常”的，甚至她们自己也为此感到无比的焦虑。这时候，“因为爱情而结婚”这句话就成了空谈，许多“好心人”都会规劝她们：老大不小了，赶紧找个人结了算了，要求不要太高。婚姻暴露了它的本来面目：它不再是什么爱情，而是对经济实力等综合因素的考量。说得更透些，它似乎就是男女在人生路上的某个仪式。

婚姻还存在另外一个问题：你无法确保在结婚后不会遇见爱情，

或者说遇见另一个和你心灵相通的人。从理论的角度看，这个问题是可以解决的，你只要离婚，再和其他人结婚就行了，你有这样的自由。但现实问题是，神经症患者很难有勇气这样做。且不论现实中存在的孩子的抚养权以及精神伤害问题，神经症患者本身就很难面对“背叛婚姻”这样的道德指责，和这种指责相比，“享受爱情”的喜悦已经荡然无存，愧疚感（尤其是对孩子的愧疚感）将会一辈子伴随着他们。他们宁可压抑自己，也不愿过多承受道德方面的指责。有多少婚姻表面上只靠着孩子在维系？对不起，孩子只是他们无法做出选择后的挡箭牌而已！

•

选择欲望还是选择道德，对神经症患者来说是个极难面对的问题。欲望的罪恶感时刻在吞噬着他们。著名心理学家温尼科特[1]的母亲正是这样一个极端的例子。在温尼科特婴儿时期，母亲为了避免吮吸乳头造成的刺激感，就早早给他断了奶，为了避免看见男婴的生殖特征，母亲就将温尼科特打扮成女生。她认为，性行为如果不是为了生孩子，就绝对是罪恶的。母亲的这些行为让温尼科特成了一个典型的神经症患者。

欲望是罪恶的，这不仅仅是温尼科特母亲个人的想法，它甚至是整个社会的共识。要迅速地毁灭一个人，最好的方法就是在道德

1 温尼科特：英国著名精神分析学家和儿童心理学大师。他撰写了大量著作，阐释母亲与孩子之间的相互作用如何滋养或阻碍孩子发展，并通过英国 BBC 的无线广播帮助了成千上万的父母，使他们能够更好地了解孩子的情绪世界。本书所述有关他生平的内容出自美国作家罗伯特·罗德曼所著的《温尼科特传》。

上群起而攻之。西方的"me too"运动已经证明了这种方法的有效性。"me too"原本是女性捍卫自己的运动，无论从哪个角度去看，它都是需要当事人极具勇气的。但是，如果一项运动立了标杆，就没有人敢去做异样的表态，这项运动就会成为一种"政治正确"。一旦出现"你不赞成我，你就是错误的"这样的格局，运动本身就不再具有理性。正如《乌合之众》中所说，所有运动的唯一特征就是缺乏理性，哪怕是以"爱"为主题的基督教，也能演变为宗教裁判所。

不正常的是，社会群体能够在认可"欲望是罪恶的"这个观点之下肆无忌惮地发泄自己的欲望。"普通人"能够奇迹般地"阳奉阴违"，且认为这样做顺理成章，这一点神经症患者真是望尘莫及。如果我们仔细观察，会发现道德在本质上并非欲望的对立面，相反，**它是一群人的欲望对另一群人欲望的压制**。一旦道德成为需要遵守的规范，我们就很难看清它的侵略性和攻击性，它会和良知、善意以及宽容等行为相混淆。其实历史上以道德为名所做的事最缺乏的就是宽容的精神。

和整个社会的道德氛围不同的是，神经症患者无法顺利做到表里不一，他们运用道德这一武器伤害的只能是自己。作为一个敏锐的观察者，他已经意识到羞耻感带来的痛苦，但他会刻意压抑自己以换取外在的形象。这主要源于他需要通过道德来保护自己，也需要通过道德来取得社会层面的认同。

•

我之所以不厌其烦地讲述社会道德问题，核心是想揭露神经症患者的认知问题，而非界定道德存在的好与坏。道德卫士们并没有神经症，他们绝不会因为在网上匿名伤害谁而感到愧疚。道德和其他因素一样不是神经症的产生原因，解决不了道德和人性的冲突，却试图掩盖这种冲突，神经症由此才会产生。

也就是说，神经症患者最大的问题是他们根本接受不了道德规范，又接受不了“接受不了道德规范”这一观念。这才是最基本的认知，它同样起源于“接受不了真实的自我”这个原始问题。

和身份认同一样，道德感是一种极其顽固的心理机制，它们共同组成了固化思维的主体部分。神经症患者的每个行为都受到固化思维的影响，以至于任何理性的心理解构都不可能让患者完全摆脱以往的思维模式。因为有固化思维的存在，任何心理疗法的开展都会受到挑战。你已经不可能把一颗鹅卵石变成原来的模样，当下的你就是被固化思维所影响的你。通过吃药能够让身体机能恢复正常，但神经症并非如此。一个神经症患者日思夜想的就是如何变回当初那个开心快乐的自己，他们认为总有一个方法能够做到，无数的书籍也告诉他们，的确能够做到（不这样说这些书怎么能够卖得出去？）。不过，首要的问题在于：你认为自己现在的状态是不正常的吗？

无论再怎样讨厌一首歌，如果它天天在大街小巷中响起，你也迟早会熟悉它的旋律。这不正常吗？

如果天天用红墨水浇灌一棵草，叶子脉络迟早会变得通红。这不正常吗？

如果自打出生就有人不断告诉你，女性在婚前不保持处子之身就是道德败坏，是要下地狱的，那么女性在被侵害后选择自杀难道不正常吗？

神经症患者要解开自己内心的痛苦，要做的不是试图去改变冲突，除非你看破红尘，归隐山林，否则冲突不可能被改变。你得认可冲突的存在，因为冲突的起因并不在于你，你在冲突中并不需要承担任何责任。同时，你不需要在冲突中急切地选择一方，消灭另一方，人的复杂性在于他在正常情态下既不可能是道德上的完人，亦不会成为欲望的野兽。

你要做的第一步，仅仅是在观察的基础上建立客观的认知而已。

# 6 观察质疑

## 在学会观察中迈向心智的成熟

一行禅师

我们必须观察自己的“想”，才能摆脱它的束缚，那么“想”将成为一种洞见，即道的体证。

认识到环境和文化背景对我们长久以来的暗示，以及固化思维在我们生活当中发挥的作用，是我们改善神经症的第一步。虽然这小小的一步并不能让我们出现翻天覆地的变化，但会对我们的神经结构造成一定的冲击，并促进我们心智的成熟。正如上一章所说，在固化思维之外还会出现另外一种思辨思维，它能从第三方的视角观察到固化思维的运行，意识到“我之所以成为今天这样的我是固化思维的作用”这一事实。我们首次跳出了旧有的圈子，像照镜子一样观照当下的自己。心智成熟的人能够客观观察自己的思维和情绪，而巨婴则不能够。

从本章开始，我会将思维分为观察、思考、体验和行动四个步骤进行讲述，以期通过提升思辨能力来突破固化思维，从而改变我们的认知。

思辨思维并非呈单线性发展，它具有多元化、立体化的特征。思维方式越成熟，这种多元化立体化的特征就越明显。也就是说，我们不仅有观察外在事物的能力，还有观察思维本身运行情况的能力，这种能力让我们能够多角度地看待同一个事物的不同方面，跳出“我”的范畴，把“我”当成观察的特定对象，**跳出本体（你所认为的自己）看问题**。这意味着我们需要在正确的认知上进行观察。心理治疗师所做的工作就是通过交谈让你观察自己，他不会和你讲道理，给你灌输过多的理念。他们都明白，一旦开始灌输理论，患者就会立即否定和反抗，表现出不配合的态度。能解开谜题的永远只有你自己。

在解释为什么要观察之前，我们先得做到一点：**对旧有的固化思维保持质疑**。要保持质疑，神经症患者就需要主动地改变否定的习惯。这种否定的意识基于自我保护的本能，不少神经症患者尽管承认当前的局面非常糟糕，自己的精神状态面临极大的挑战，但是他绝不认为这种局面是自己造成的，绝不承认自己的思考方式存在问题。他们习惯向外界寻找问题，也习惯向外界寻找解决问题的方法。在没有找到方法前，他们会认为自己已经尽力了，所以任何指责对他（她）都是不公平的。因为只要他承认自己存在问题，就得面对可怕的内心冲突，会被无力感和愧疚感吞没。这种“否认”是一种表象，其实在内心中，他们一直处在无助的状态，**指责自己最多的就是他本人**。比如一个内心极其自卑的人，如果有人指责他某事做得不好，他会通过暴跳如雷或者极其沮丧的状态来表示抗议和不合作，在私下里他却会非常痛恨自己的无能，责问自己为什么连一点儿小事都做不好。在客观分析之前，他会本能地先保护好自己，以免暴露自卑的状态。

我说的改变否定的习惯，并不是指你必须要接受别人的指责，更不是一味地附和别人，而是要**真实地**承认自己的现状：你本身就是不完美的，你的不完美可以体现在很多的方面，但不管是不善于交际、口才不行或者不懂拒绝（美国心理学家哈丽雅特·布莱克[1]创造了“取悦症”这样的说法），不完美本身是由过去的你和环境造成的。你之所以做不到让自己满意，是因为存在很多的参照物，许

1 哈丽雅特·布莱克：美国临床心理医生。著有《取悦症：不懂拒绝的老好人》《谁在操纵你》等作品。

多人在你眼里是如此优秀，自律、自信、落落大方，以至于你自惭形秽；更是因为你把那些参照对象作为一种常态（寻求身份认同），对你来说，只有做到自信和快乐，只有做到完全自控，才是人生的常态，而你现在的状态是不正常的。你莫名其妙地把人生画出一条标准线，又把自己扔到了标准线以下。

"不正常"是一种评价，而非陈述。认为自己的状态"不正常"恰恰是固化思维的把戏。一个身体残疾的人有很多事做不到，但他不正常吗？哪怕是高功能孤独症患者，几乎没有和外界沟通的能力，那也不过是他的一种人格特征，事实上他可能在许多领域具有天才般的表现，他不正常吗？长期的抑郁和焦虑的确会让你感到痛苦，但这种抑郁和焦虑只是一种外在的状态，正如摔倒了会疼，吃了过多上火的食物喉咙会不舒服，这不正常吗？如果非得说不正常，你认为自己不正常的这种观念才是不正常的，而这恰恰是身份认同和道德感造成的。

**在这个时代，再也没有比患上神经症更正常的事了。**

**如果做不到不评价，我们至少需要做到全面评价自己，从多角度去评价自己，这对神经症患者来说非常重要，**它甚至是我们能否直面神经症的前提。这意味着不管你是否满意现状，至少你知道了自己是怎样一个人。你要更加客观地看待自己，而不是用俯视的视角去审察自己的不足，用放大镜去寻找自己的缺点。拿我本人举例，每当陷入焦虑、沮丧、恐惧等情绪时，除了罗列出不带任何评价字眼的事实，我还会这样总结：**真不敢相信你和焦虑、抑郁相处了这么长时间，现在竟然还能好好活着。**我认为这不是自我安慰，而是一种客观事实，我有理由为自己感到骄傲。一旦碰到问题，我会试图去还原事情的本来面目。前几年因为孩子恶劣的健康状况以及成绩不好等原因，我一直处于愧疚当中，认为孩子之所以接纳不了情绪，之所以很自卑，原因在于我本人的神经症对他的影响。在一次谈心中，我对孩子这样说：如果我们是一棵树，成绩不过是其中的一片树叶，你不能因为一片树叶长得不好看而认为整棵树都不行了。而这种观察方法基本可以运用到每一个神经症患者的身上，抑郁和焦虑只是你这棵树上的一片叶子而已。

一个人如果能够接纳自我，焦虑和恐惧就不可能引发他的神经症，因为他内心的冲突已经从根源上被破除了。因此，接纳自己、珍爱自己，这和消灭神经症的过程完全一样。然而，那些急切想要快乐起来的人从来不质疑自己的想法和做法，他们往往从外物入手，梦想这世界上有某一个方法，比如通过爱上某一个人，或被一个人没有理由地爱上，比如急速地增加财富，比如换另外一份工作来取得快乐。事实上，不管是取得快乐和平静也罢，或是消除焦虑和恐惧也罢，我们的聚焦在方向上就出了错误。消除疼痛还是治好伤病，虽然过程也许一样，但聚焦不同，疗效就不同。**我们的目的只有一个：如何接受原本的自己。我们的方法也只有一个：调整自己的思维模式**。质疑旧有的思维习惯，就是为此做准备。至于神经症，随他去吧。

之所以要质疑，是因为旧有的思维对现实的反映是扭曲的，是戴着有色眼镜的。在道德文化的强烈暗示下，我们失去了客观解读环境的能力。**所有的心理学治疗似乎都把我们从社会环境中割裂出来，不去正视社会本身存在的问题以及这些问题对个体心理产生的影响，以为心理学是一门孤立的学科，这恐怕是最大的悲哀**。所以，当你认为自己现在所有的无助是源于没人关心时，不妨问问自己，你有真正关心过自己吗？当你认为自己怀才不遇、无法体现自己的人生价值时，也可以这样问问自己：你是真的怀才不遇还是预设了一个必须让这个世界认可你才华的未来？那种未来真的是你人生的常态以至于你不实现它就会生不如死？还是无数的“成功人士”现身说法对你进行了暗示？这种暗示一定正确吗？他们是鼓励了你还是增加了你对自己的失望感？

只要我们进一步地质疑下去，不管任何维度，终究会回到本源：**你能否接受当下的自己？**也就是说，假如这个世界现在和将来都不会有人来爱你，你会一直保持贫穷，你的才华也会一直无法施展，你怎么看待自己？如果一切来自外界的希望全部破灭，你是不是就注定痛苦一辈子？

请读者一定认真回答。如果无法直面这个问题，你每天对自己说一百遍“活在当下”，或者每天冥想一个小时以上，都不会有任何效果，因为你的思维仍然没有任何改变。当你尝试着告诉自己，现在想要而不可得的事物将来也不见得能得到，是不是会产生一种发自内心的痛苦？这种痛苦和焦虑、抑郁不同，那是思维认知遭到挑战后的疼痛感。这时就会有一个声音从心里问：那我该怎么办？

让我再重复一遍。**我们的目的只有一个：接受原本的自己。我们的方法也只有一个：调整自己的思维模式。**

为将来而努力是最大的谎言，你所有的努力只是为了现在的自己，将来是由现在演变而来的，正如你的过去造就了当下。如果你接受不了现在的自己，所有的努力不过是一种逃避，你只不过是想把逃避这一行为合理化、正当化，借此自欺欺人。如果你认可了这一点，质疑本身就已经调整了你的认知，哪怕你还没有形成新的习惯，也是一种了不起的进步。

•

既然过去的种种思维造就了你的神经症，那么你的认知方式一定有问题，既然有问题就必须得质疑它。虽然我们的固化思维是由环境和文化背景造成的，但不意味着我们必须去改变大环境，那不是个人能够做到的事。我们需要的是观察，我们得搞清楚，**我们观察到的现实究竟是不是真的现实？这一切是不是一场误会？你的认识是不是真的客观地反映了现实？**

环境暗示和环境本身是有区别的，因为暗示具有社会属性，是人为的因素，不会因为你的精神状态而改变。它以一种“观念”存在，并且在你心中生根发芽。而环境本身只是一种事实而已，**是你将观念误认成了现实。**

比如，你从小到大都被教育做人不可以自私自利（记住，这是一种观点），对普通人来说并没什么负面作用，就规范本身也没有什么可挑剔之处，但对一个习惯把什么过错都揽到自己身上、习惯取悦别人的“老好人”来说就是致命的。比如你读了一本关于自律的书，书本告诉你所有优秀人士的共同特征就是极其自律，这对普通人来说也没有什么坏处，但对一个因环境压力而抑郁的人来说就是致命的。

这种暗示本身就是扭曲现实的行为，不管是自私还是自律，本身就是缺乏界限的定义。神经症患者之所以要抛弃这些观念，是因为他们对待自己已经过于严苛。他们的所谓拖延和不自律并非懒散造成，而是心灵已经跟不上节奏。不过，当我们的脑神经接收到了暗示信号，并且认可了这一信号，就会把信号本身当成现实。承接信号的媒介并不是客观的，它更多的是群体非理性的情绪，不需要逻辑论证，没经过任何事实检验。但因为人心理机制的特殊性，它就是这么有效。

暗示有多大的效果？德国经济学家罗尔夫·多贝里[1]在《明智行动的艺术》中有这样的论述：在募捐活动上展示目前全世界饥饿儿童的数字与播放非洲饥饿儿童的照片，后者的效果远远大于前者。这意味着我们并没有自己想象得那么理性，我们大部分人惯于在情感受到冲击之后做出判断，而非调研数据，因为前者的暗示性更强。

我们的思维是可以被操控的。这种操控就像把一段程序代码放进你的思维中，让你误以为那就是属于你本身的东西。不懂得观察，你的大脑也会被黑客入侵，当你产生焦虑和抑郁时就会头痛医头、脚痛医脚。你能战胜自己的人格倾向吗？不，你只能认知它，接受它，把它作为自己的一部分。要知道，正是“不能接受”“不可接受”才让你如此焦虑不安。

•

通过质疑让所有问题回归“自我接纳”这一本源后，我们才能来谈一谈观察这个话题。环境的暗示放大了我们本能的欲望，这不是我们生而为人的过错，但也不代表我们对此无能为力。观察正是我们对抗暗示的武器。

首先，我们将睁大眼睛观察外界与自身的关系。我们必须承认，生物演化最奇妙之处就在于它用本能来确保我们活着，并且让我们延续下去。也就是说，活着并且繁衍是包括人在内的任何地球生物必须

1 罗尔夫·多贝里：德国畅销书作家，企业管理硕士，经济学、哲学博士，全球著名书摘网站 getAbstract 创始人。长期撰写有关行为思维误区的作品，《明智行动的艺术》和《清醒思考的艺术》是其较有代表性的作品。

经历的事。虽然我们并不知道这种本能产生的机制是什么（荣格认为本能来源于集体无意识，但他过于喜欢神秘事物），但它能解释为什么男人喜欢漂亮女生，而女生喜欢高富帅，这绝不是普通的社会审美问题，而是本能在确保我们能够留下“优秀”的后代。它还能解释为什么孩子会由依赖转向叛逆、女生为什么喜欢打扮自己以及男性为什么在 20 多岁时性欲最旺盛。这是生物发展的原理，并没有多么“高大上”的理由。但就人类而言，这种机制并不完美。所有的本能都是个体发出的，每个人在“想要活得更好”的时候，他们都会和他人发生联系，这种联系表现在：**一是他们很可能形成一个利益群体，二是他们可能需要通过牺牲他人才能实现目的**。正如我上一章所说，道德的本质是一群人的欲望压抑另一群人的欲望，就是基于这个原理。

当我们观察这个过程时，会发现两个事实：一是所谓社会道德以及身份认同，是为了确保社会运转的稳定性，不讲道德约束的异端无法在这个社会上顺利立足。所以道德约束的范畴远远大于法律，没人清楚它的界线究竟在哪儿。二是你之所以被许多商业行为暗示，是因为发出暗示的人想要“活得更好”，你是他们活得更好的垫脚石。顾客为什么是上帝？因为上帝手里有他们想要的东西。

请别急着去评判这些事实的好与坏，它仅仅是个事实而已。

现在，我们试着去观察这些事实对自己产生的影响。也就是说，我们所有的出发点和别人并没有两样：想让自己活得更好（你想要消除焦虑和不安正是想要活得更好的证明）。你可以用更“高大上”的说法，比如实现理想，不论这理想是当一个歌手还是一个富商。你去观察这个过程，究竟是不是现实在头脑中的投射？

在一些音乐真人秀节目上总是听到某些选手饱含激情地说，音乐是他（她）一辈子的事业，离开音乐他（她）就不能活，引来导师们一片点赞声。但我总有个疑问，万一哪天他（她）哑了呢？我总觉得，追寻自己想要的生活绝对应该表扬，但如果不是自己想要的生活就生不如死，恐怕就有问题。大部分人的生活都不是他们想要的，不想要的生活就不要，恐怕对我们这些人来说是一种奢侈。哪怕你说一万遍清洁工是伟大的，你也不见得愿意凌晨四点起床去扫大街。

请观察活着的本质，它绝不是歌手、富商或者清洁工这样的身份标签。把这些标签都撕掉后，你会如何看待自己？你是一个生命体，既然是生命体，你就必须吃饭、睡觉、上厕所，更重要的是，无论怎样折腾，你总有一天会死。你认为自己比别人聪明、比别人漂亮、比别人能干，但总有一天会老眼昏花，人老珠黄，丧失基本的生活自理能力。这是谁也逃不开的规律，这个规律太过于普通，谁都明白，但谁都会忘记。

请记住，我们只是观察，不去评判。现在，去看一看固化思维在这个生命体上发生的作用。你会发现在这个生命体面前出现了一大堆标签，他在固化思维的作用下去判断，去挑选，这是好的，那是坏的，这是我想要的，那是我绝不能接受的。标签的名称五花八门，一本又一本的书，一个又一个的人，都在告诉你怎样取得或者消除这些标签，并且信誓旦旦说你取得或者消除这些标签后会活得更好。不管他们有没有说谎，观察后你会发现，至少你在追寻这些标签的路上并没有变得更好，相反，你变得焦虑，害怕自己得不到那些标签。一想到这辈子再也得不到这些标签，你辗转反侧、寝食难安。于是他们又说，别急，成功的路上本来就是艰苦的，要吃苦在前，享乐在后。你信了，你继续追逐，最后发现不管有没有取得这些标签，这一路上造就的焦虑和恐惧再也无法消除，**你已经习惯了抑郁和焦虑**。还是同一批人，此刻又对你说，你之所以抑郁和焦虑是因为你还不够努力，你必须具备一定的意志力，你要学会控制自己，成功的人多半是自律的。但这时另一批人站出来反对，他们说你之所以焦虑和抑郁是因为欲望太多了，你必须学会放弃。你站在中间，不知该听谁的。但不管是谁，都没能解决你的焦虑问题，你既无法自律，也无法放弃，你已经拥有了可怕的思维模式，但完全没有察觉。事实上，他们对你的问题完全不关心。你发现这个世界根本没人真正在乎你，你其实是无助的，孤独的。

请将眼光再次集中到那个没有标签的生命体上。他没有成功，也没有失败，既没有选择，也没有放弃，他仅仅处于活着的一种状态。不管你再怎么折腾，他也仅仅是活着而已。因为没有标准，“更好地活着”对他来说没有任何意义。但反过来说，即使没有这些标签，他也能活着，他的生命规律和那些拥有标签的人并没有两样，生老病死而已。这时，你也许会忍不住发问：这样活着岂不是太没味道了？人生不是应该要有意义吗？这样活着和动物有什么两样？

很简单，他活着的最大意义在于：**他存在，他喜欢自己的存在**。这一点，是你无法做到的。

•

当然，这样的生命体是一种虚拟的状态。但是，一旦你观察到一个问题，即你所有的“追求”不过是出于讨厌现实，这个生命体就会具有真实性。你身上所有的标签都是固化思维作用的结果，但唯有你还活着，你拥有生命，这是一个无可置疑的事实。无论你的现实有多么不堪，但你还活着。活着原本并不是一件难事，只要有阳光、空气、水和食物就行，但在固化思维的作用下，在环境暗示的巨大压力下，在敏感天性的刺激下，活着反而变得痛苦，这时你必须对当下的自己更公正一些。如实地观察，意味着你能看到自己活着本身的艰辛，这种艰辛是必然的，因为你无法脱离环境的暗示，因为你活在一个充满苦难的世界里。你要明白，人如果长期待在超过 50 分贝的噪声环境里就会出现心理问题。暗示和噪声在本质上并无不同，只是暗示更隐形而已。既然如此，你能指责自己什么？

你当然不能强迫自己喜欢自己，但如果你不认可自己为活着所做的努力（哪怕看起来并无回报），那么无论你将来在世俗中取得了多少人的认同，被粉丝簇拥也罢，被视为英雄也罢，也无法填补你内心的空虚感，反而会让你戴上可怕的面具。认可自己也许并不能马上让你的焦虑和抑郁消失，因为你的交感神经已经习惯了亢奋，你的脑神经元连接方式还没有改变，但在这种负面情绪来临时，你不会陷入无助的惶恐之中，不会急着去思考如何消除焦虑，因为你知道自己是个努力活着的人，你会试着去忍受。所谓的焦虑和抑郁，本身只是一种表现特征而已，没有一个运动健将是不带伤的，这些症状是你努力的证明。你会因为身上有伤而嫌弃自己吗？请让我再重复一遍，**神经症的治愈标志不是焦虑和抑郁等负面情绪完全消失，而是你知道如何去面对它们，而这一切和自我接纳的过程完全一样**。只要是人都会焦虑，永远保持平静和快乐的是神不是人，而神是不存在的。

**我无意说消除所有标签后的生命体是完美的，而是说这个生命体对待自己是公正的、宽容的**。我要特别讲明的是，我们的不完美是生而为人的标志，任何想要完美的企图都是神经症的帮凶。它给了我们一种假象，仿佛存在某种果实等待我们去摘取。心智成熟并不是让我们成为理想中预设的人物，也不是让我们取得某种外在的成就，相反，它仅仅是一种基础：**你可以迈开脚步去追求生命的意义，但并不是源于对当下的恐惧和不满。**

•

观察环境对我们自身的影响，这并非我独创或发明的。但我的指归并非拒绝环境的影响，而是在承认环境暗示作用不可改变的前提下，通过思辨性思维去消解影响产生的内心冲突。但是，部分心理学和心灵流派在意识到环境对自身有暗示作用后，却莫名其妙地产生了一个“本体”的概念，他们认为：我们人类出生时原本是完美的，是后天环境的影响遮盖了我们的完美，我们不需要向外寻找，只需要找到内心的自己就可以。许多禅师根据这一理论，推断出人活着是能够做到平静和快乐的。很简单，好好呼吸，回归当下。

我一直在想，这些禅师的观点到底有何立足点。事实上，许多修行者为了领悟一定的精神境界已经脱离了社会，或者说脱离社会本身就是修行行为的体现。这意味着他们身上的社会属性得到了弱化，不需要承担很大的社会责任，更重要的是，通过脱离，社会的暗示作用大大减少，但这点是无法在普通群体中得到推广的。好好呼吸，回归当下，这些绝对是我们调整内心的好方法（这是近年来正念认知方法的重要内容），我会在之后的篇章中介绍，但是，许多冥想者都有这样的经历，冥想后的几分钟会让你有一种放松的感觉，但只要进入日常的生活，这种感觉立刻消失，你还是原来的你。很简单，你只是试图放松神经而已。

事实上，哪怕你通过呼吸放松了自己，固化思维的作用也并没有完全消失。比如印度修行者刚开始是通过"乞食"的方式持续基本生存，但中国人无法接受"乞食"这种行为，所以才有了"丛林制度"的产生。

但不管是"乞食"还是自力更生，只要人类成为一个群体，就会形成"社会生态"。即便是苏格拉底这样的智者，也会在老婆面前显示出"妻管严"的一面，即使是王阳明这样的哲学大家，也只能一边研究天人合一，一边在马背上大开杀戒。当年六祖慧能接下衣钵时，只能连夜逃走才能躲过追杀，禅宗尚且"夺权"，何况我们所处的社会？

当代心灵导师阿玛斯[1]认为：人分为本体和人格，本体是与生俱来的，而人格则是后天影响而成。我们要观察本体，体验本体。但本体究竟是什么？阿玛斯认为它就像钻石，有着包含真相、良知、爱在内的多面性。因为人找不到自己的本体，人格的后天发展让他们出现了一个又一个的"坑洞"。他甚至把找到本体的过程称为"钻石途径"。在《内在的探索》一书中，他这样说道：

> 你周围的每一个人，你所到的每一个地方，都在企图补洞。如果你不以同样的方式补你的洞，人们会受到威胁。假设一个人不想填补心中的洞，他会令别人更清楚地感受到自己心中的洞。

这段话看上去和我说的环境暗示有异曲同工之处，而阿玛斯讲的本体和我说的去除标签后的生命体也极为相似。但是，钻石也罢，坑

---

1 阿玛斯："钻石途径"创始人，他结合现代心理学、佛学及苏菲神秘主义等因素，发展出"钻石途径"。著有《内在的探索》《解脱之道》等作品。

洞也罢，并不能让人明了其实质的内容。问题并没有如此玄妙与深奥，因为我自始至终都不相信这世界真的存在一个完美的本体。

•

支持本体存在的论据非常多。许多人举例说，孩子是纯真的，他们能够在一些小小的事情上得到极大的满足，比如观察蚂蚁，比如吹泡泡，那是因为他们并没有丧失本体。但这句话的逻辑是有问题的，孩子的脑神经发育尚不成熟，他们受到成年人的庇护，所以才在接受暗示方面相对安全而已，请问现在还有几个小孩会放下手机游戏去观察蚂蚁？但成年后，他必须独自面对社会的一系列问题，父母已经老去，许多责任落在他们的肩上，没人会替他们抵挡暗示和压力。成年人之所以不可能在观察蚂蚁上取得和孩子同样的快乐，并不是本体被蒙蔽，而是思维结构已经不同了。这根本推断不出我们有一个“本体”的结论，自然也不可能“自性具足”。

“本体存在论”对高敏感人群具有极大的诱惑力，这也恰好契合了他们往往把一切原因归咎于自身的特点。不过，你内心所有的东西，包括固化思维在内，有哪一样不是环境给你的？你并没有一种称为“本体”的固然属性，也没有某种与生俱来的道德感藏在你的内心或者“潜意识”里面，你拥有的仅仅是对外界的认知。

当我费尽笔墨告诉你，我们的固化思维源于外界的暗示时，并没有暗示你说，如果外界的暗示都去除了，你的神经症就会治愈。我并非制造某一个观念，而是把一个事实发生的过程予以展现。你需要去观察这个展示的过程，唯有如此，真实的自己才能被接纳。

思维是外界的投射，思维功能是人自身的生理功能。我们培养出的观察能力,同样是外界投射的结果,我们想要体验的“终极经验”(比如真相,比如解脱)超出了孩子的理解范围。比如当你突然领悟了“当下的自己值得被珍爱”这样的道理,它同样源于外界的影响,而不是内在自然生成的,更不是你经验了所谓的“本体”。

事实上,我们会患上神经症,恰恰是因为我们意识到了社会环境和自我的冲突。焦虑和抑郁是一种神经产生的信号,它们在告诉我们:生活不太对劲。可惜的是它们不会解释原因。因为我们的敏感,外界的暗示在我们身上产生了排斥的作用,我们开始“闹肚子”。原本我们应该好好观察,是吃了什么糟糕的食物才会如此,但我们却成为一边吃着垃圾食物一边不想闹肚子的可笑角色。

•

**观察的敏锐性是神经症患者独有的优势。**这种敏锐性是用于保护自我还是解构世界,选择权在我们的手中。那么,我们怎样去发挥观察的优势?你不需要去建立体系,也不需要成为一个心理学家,只需要问自己几个问题:

1. 你的原生家庭、你现在所处的环境、整个社会的道德背景是不是给予了你许多暗示?

2. 如果有,这种暗示会不会在将来停止?

3. 你对自己的评价中,有哪些来自这些暗示?它们是真实的吗?它们是全面的吗?

4. 在这些评价中,是否有相互矛盾的地方?是否隐含了你对自己的期望?

5. 去除这些暗示的道德意义后,你能否再一次观察自己?

6. 在生活中，你有哪些事是“必须”或者“应该”要做到的？被允许存在吗？

这些问题只是在观察的过程中为你提供一定的辅助。借由这些问题，你能够观察到三个既定的事实：一是你可以看到更多的事情已经发生或正在发生，比如**你作为一个生命体正在存在着**。这种存在并不会因为某种观念而改变，即使全世界的人都否定你、讨厌你、背叛你、诬陷你、孤立你，除非你自我否定，否则谁都无法撼动存在本身。二是当你学会动态的观察后，还会发现**你的存在本身是一个奇迹**，它需要经过无数次排列组合才会产生，只要稍有差池，你就不会出现在这个世界上。三是**你这种奇迹是有时效的**，总有一天你会不再存在，因为你不过是个生命体，逃离不了消亡的规律。

请记住以上这三个观察到的事实，在它们面前，所有的观念是多么可笑。

# 7 儿童模式

## 或许你只是一个没有长大的成年人

阿玛斯

一个还未长大的人，

通常会将别人视为行走的乳房。

心理学家一直都很重视原生家庭对个人的影响，甚至有过度重视的倾向，他们中有些人甚至以为每种心理问题都和童年创伤有关。但事实证明，并不是每一个神经症患者都有一个可悲的童年，试图通过挖掘童年时的心灵创伤来治愈神经症，是一种从弗洛伊德的理论沿袭下来的教条式做法。原生家庭之所以对一个人有重大影响，不仅仅是因为某些突发性遭遇（如遭受虐待和父母离异）带来的心理阴影，更是因为儿童在心智不成熟阶段和父母之间存在过度依赖的关系，这种关系基于个人的敏感体质，很可能会转变为缺乏安全感之类的人格倾向，最终延伸至个人成长后与他人的交流方式以及自我的定位上。这不是创伤导致的，它同样是固化思维的作用，只不过这种固化思维体现在父母身上，最后“传染”给了孩子。许多专家认为神经症会遗传，我并不认同，也没有科学依据表明神经症的生理基因病变，相反，更可能是这种“传染”行为造成了遗传的错觉。

每个人都会受原生家庭的影响，但多数人并没有感觉到这种影响本身的存在，或者在造成困扰时也没将这种困扰当回事儿。神经敏感者却能感觉到这一点并且将其视为内心的冲突，由此才产生了一定程度的神经症。这是一个很简单的道理，比如自卑并不能造就我们的神经症，对自卑的存在感到羞愧和不安，才会令我们持续产生焦虑和恐惧。

神经症患者搞错了幸福和完美之间的关系。没有人的童年是完美的，所以固化思维的作用才成为必然。就我自己来说，回望自己的童年，很难说得上有什么不幸福，父母虽然是没有文化的乡下人，可哪怕家境贫寒，在“爱”的给予方面绝对不会比任何人少。不过在表达“爱”的方式上，父母显然出了很大的问题，而这种问题在中国具有很强的典型性。比如父母经常会告诉我，他们已经为我付出了一切。尤其是在我成绩不好、表现不佳时，母亲总是这样一把鼻涕一把眼泪地向我倾诉，同时不忘告诫我，一定要给他们争口气。当我处于叛逆期时，对这种倾诉产生了强烈的厌恶感，因为我本能地不想让自己产生愧疚的情绪，却无法摆脱“辜负了他们的付出和期望”这一魔咒。无可挽回地，我逐渐成为那种喜欢讨好别人、不敢拒绝别人的人，绝不能辜负他人的期望成了我固化思维的重要组成部分。独立的思考能力和习惯附和他人的人格特征形成了尖锐的矛盾。这种心理机制很普遍，我们对愧疚情绪抱有恐惧，所以不敢欠别人的情，相反，得证明自己能够得到别人的褒奖甚至同情（至少不能被人批评和指责），只有这样才能消除自己的不安感。但另一方面，对于一个劲儿地想取得别人认可的行为，神经敏感者多半是不屑一顾的，这也是他们总是鄙夷自我的原因。

神经敏感是一种天性，可以说属于生理问题。拥有这种天性的孩子很不幸地容易接受暗示，哪怕这种暗示是无心的。从父母的主观意愿出发，他们绝不是想通过这种方式从子女身上取得任何回报（至少大部分不是），只是希望通过让子女产生愧疚感（恐怕这个层面也不在他们的预料范围内），从而努力学习。他们绝对想不到，这种方式会给神经敏感的孩子造成多大的伤害。而且，这种方式也许能够在某一个阶段让孩子沿着既定的目标前进，但对促进孩子的心智成熟完全没有任何帮助，相反，它更可能让孩子在成人后还停留在婴儿的心智模式上。

记得有位女性朋友曾恨恨地对我说：“十几岁的时候，父母拼命阻止我谈恋爱，现在我不想谈恋爱了，他们又拼命想让我结婚。”这种思维逻辑大概就是婴儿心理模式的明证。

在我写完《请珍爱这样的自己》后，有读者批评说：“不是世界太阴暗，是你差，不是父母不好，是你没有及时蜕变，怨天尤人。以前的父母不知道什么是心理学，他们和其他人一样，或许是为了生存，或许是为了家庭……”

虽然我并不知道他是如何解读出我的文字是怨天尤人的，但父母不知道什么是心理学，这我倒是极为同意的。如果追溯原生家庭仅仅是为了批判父母，就像我的那位女性朋友一样，说明我们的心智还不够成熟。但是，直面过去却是极为必要的，因为我们的童年不可能完美，而我们需要观察这个过程，借此理解暗示的影响。如果在不了解过程的情况下，仅仅以“不能责怪父母”为由拒绝回望过去，恰恰是一种逃避。原生家庭的暗示影响极为深远，甚至是固化思维形成的基石。当我们看清了这一事实，会明白自身的自卑以及惯于附和他人是一种“无可奈何”的必然，假使时光流转，你再从母亲的子宫中钻出来一次，恐怕也改变不了这一轨迹。同样的道理可以运用到我们的父母身上，他们之所以成为他们，也是一种无可奈何的事实。由此我们甚至可以追溯到无数代祖先。我们之所以观察这一过程，不是想凌驾于道德层面去定性是非对错，而是想改变对自己的认知，而这是可以做到的。

也就是说，我们患上神经症并不是自己的错，责怪自己“太差，没有及时蜕变”是一种无知且有害的做法。当然，它也不是其他人的错，它甚至不能用“错”这个字去定义，不过是一种心理运行机制带来的后果。你意识到了它的社会属性，观察到了它对自身的影响，就等于承认了一点：这个世界是苦难的，你承受的苦难具有普遍性。神经症并非孤立的症状，如果认为这个世界上只有自己一个人在受苦，恐怕与事实过于不符。

但是，观察能够立刻改变你的所有认知吗？如果是那样，你就太小瞧固化思维以及它带来的行为模式了。即使你知道行为产生的原因，行为本身并不能马上被改变。固化思维是一双幕后的黑手，它让各种负面情绪走上前台，将你的内心世界搅得一片狼藉。你知道这一事实和你改变这一事实完全是两回事儿。你能做的不是想办法消除这种情绪产生的焦虑感，也不是像禅师们所说的，把情绪当成一个个气泡任它们来去，不，在观察的同时，你应该去体验它们。

思维能够被观察，但情绪只能被体验。森田正马说，当焦虑、抑郁和恐惧升起时，你只能无可奈何地忍受。这种忍受恰恰就是体验本身。很多人都会建议你，在不安的时候听听音乐，或者看一本书，或者看一场喜剧电影，借此改变你的心态。但是，那些外在的因素不过起到了一种镇定剂的作用。森田疗法中最有名的做法是，一个重度神经症患者入院后被要求只能躺到床上，包括看书、听音乐，甚至做一些简单的劳作都被禁止。你能想象吗？当你被抑郁和焦虑折磨得生不如死时却无事可做，会出现怎样的情况？而且这个做法要维持两个月！

因为原生家庭的缘故，荣格在小时候就是个重度的神经症患者，严重到一看书就会晕厥的程度。在《荣格自传》这本书中，作者自述的做法就是坚持看书，任自己晕厥，经过四五次晕厥后，神经症竟然奇迹般地好了。20 世纪的许多精神疗法也习惯这样去治疗人们的恐惧症，比如将一个害怕蜘蛛的人扔到挂满蜘蛛网的环境。当然，我讲的忍受和这种体验式疗法还是有区别的，因为后者会具有某种危险性。我强调的重点是：不是为了体验环境，而是为了体验情绪。这种体验也是具有某种指向性的，即如何让我们的心智停留在儿童阶段，我们要看清这一过程，借此促进自己心智的成熟，**让自己真正成为一个大人**。心智成熟的标志就是一个人能够接纳自身的存在，还是那句话，它和治疗神经症的过程完全一样。

•

为什么在心理学层面，我们不可以用预设目标这一方法来完成自我情绪管理？按照西方人的惯常逻辑，确定目标、制订实现目标的路径、坚决地行动，这成为自我管理的成功三部曲。有意思的是，近几年我们接受了西方的方法论，许多励志人士总是不忘大肆鼓吹某种通往自我管理的“不二”途径，西方不少心理学家却反过来开始审视东方智慧，认为东方式的哲思弥补了心理学上的诸多缺憾。其中最大的缺憾在于：通过预设目标无法治疗焦虑症和抑郁症，因为它不符合人的心理运行机制。

**预设目标这一行为本身就是焦虑和抑郁的来源**。从心理层面来说，你无法把目标具体化和具象化，无法定位在“一年赚一百万”这样的量化层面上来。比如你定出“一年内将自己变得强大”，这个目标就极其模糊，缺乏考量；或者“三年内做到不再焦虑”这样的目标，本身就很荒谬。心理行为，包括情绪在内，是无法被量化的，它不能靠数据和实验来完成，它需要一种完全不同于西方科学研究的手法去探索人类本身的心智问题。在东方，这种方法被称为“道”和“法”，没有一种明确的定义，相反，它们拒绝被定义，它们认为“喜欢给任何事物下定义”就是人类不能突破现在思维框架的行为。东方的思维体系也不讲“治疗”，而是专注于从苦难中“解脱”。从这个层面上来说，“目标”这个词应该从心理治疗中删去。哪怕是“接受自我”，也不能成为目标，它仅仅是一个内化的过程而已。

就抑郁、焦虑等情绪来说，预设目标的不精准性意味着我们必须承受目标失败的风险，而神经症患者往往会放大风险因素，目标非但不能给他们动力，反而会增加他们对失败的恐惧感。为了权衡失败与期待之间的落差，他们不得不找出许多理由来解释为什么自己不是失败的原因，从而不用承受失败带来的耻辱感和受挫感。这就是典型的儿童心智模式。

当我们去观察儿童的行为时，会发现他们对外界的依赖比我们想象得要多。他们没有能力去完成成人的任务，只能依赖父母在物质和精神方面的双重给予。比如一个孩子想要得到一个玩具，也许就得用一张一百分的试卷来交换。一旦没有从父母手中得到想要得到的东西，他们就会通过哭闹或者屈从父母的命令（把自己打扮成乖小孩）来实现。他们绝不可能认为，自己没有得到玩具是因为自身能力不足。父母的角色对他们实在过于重要，他们的喜怒哀乐全部由父母的态度来决定。这只是极其自然的过程，任何动物的成长过程都是从依赖到独立的。大部分父母都会在孩子成长过程中给他们制订各种各样的目标，教育体系也是靠目标来运转。原因很简单，目标是能够被量化和比较的。但是我们没有意识到的是，儿童追求目标的过程并非出于主动性，他们是目标的执行者而不是制订者。几乎没有一个孩子愿意主动坐到课桌前去学习，学校发挥的最大作用，就是不断地暗示他们，学习是一件多么累人的事情。但他们没有办法，只能通过实现目标来换取父母的给予。

在儿童的成长过程中，成人并没有相应给予这方面的知识，儿童的思维模式如同在流水线中被批量生产的“同一”产品，这导致儿童向成人的转变过程会出现可怕的断层。这种断层在学生进入社会甚至进入大学的时候就会产生。也就是说，突然有一天，没人再给他们制订目标了，他们被推到了社会环境中，接受各种暗示的同时，成了一个有想法却不会思考的人。在身体上，他们确实成人了，但在心智上，他们的“儿童模式”并没有任何变化。他们需要别人的期待和认同，他们把对父母的依赖转移到了周围其他人，比如领导、同事和恋爱对象。

•

尽管没有人生目标，但这个社会具有各种各样的规范，这些规范都能够被量化考核。这时，心智不成熟的“儿童们”将会出现几个共同的特征：

1. **他们总是期待在实现目标后能够被给予奖励**。父母就是这么做的。哪怕没有明显的物质奖励，态度特征也会暗示这一点。当孩子拿着一张考了 20 分的试卷要父母签名的时候，恐怕父母脸上不会显出和蔼的表情来。因此他们为了完成别人的期待会去做一些自己不喜欢的事情，只要别人稍加暗示，他们就会试图违背自己的心愿去完成所谓的目标。但很遗憾，大部分时候他们并没能得到相应的“给予”，“儿童模式”在成人的世界里不管用了。因此他们会觉得愤怒和不安，也会觉得极其迷茫。但因为这种模式已经成了根深蒂固的固化思维，他们下一次还是会采取同样的行动，为了获得他人的肯定而不断努力。

2. **他们会把违背自我的行为当成一种付出和牺牲。**违背自我意愿是一件极为痛苦的事儿，他们必须对此进行解释，而这种解释往往会落脚在付出和牺牲上。这是人格分裂症患者的典型特征，但在许多人身上也有体现。他们总是认为，付出和回报应该相等，事实上，这一点也是从儿童时代开始不断被暗示的结果。一分耕耘一分收获这种谎话我们从小听到大，所以，一旦对方没有满足自我的期待，就等于耕耘完全没有收成。比如当你累得半死回到家，却发现丈夫在打游戏，臭袜子被扔在地上时，你总是会产生一股无名火：我为这个家累死累活，你却坐在这里逍遥自在……在职场中，他们也会时常觉得委屈，因为他们认为自己是干活干得最多的那个（事实恐怕也是如此），但领导根本没看在眼里。最要命的是，他们绝对不会直接去描述内心的不满，却有无数的心思需要对方去猜测，所以在一本叫作《永远幸福的科学》[1]的书中，作者就直接认为最好不要和神经敏感的人做伴侣，因为很累人。很不幸，他基本说对了。

3. **不敢拒绝他人的请求。**神经症患者具有一种无力感，这种无力感需要靠外界的认同才能够被填补，所以他们不敢拒绝他人的请求，

1《永远幸福的科学》：作者为美国马里兰大学情感、性格以及成瘾症研究中心资深研究员泰·田代。该书着重于改善伴侣关系方面的研究，提倡根据对方心理特质去做出科学应对，以期得到长久稳定的恋爱和婚姻关系。

哪怕这种请求有时候毫无道理。事实上，他们并不是害怕拒绝别人，而是害怕拒绝别人后产生的愧疚感。没有答应别人的请求似乎就会欠下一笔债，这就是固化思维的逻辑。这一点在我身上表现得极为明显。有一次，有位朋友让我做一笔贷款的担保人，因为担保的数目实在超出了我个人的能力，我思量再三后拒绝了，事后他很不客气地发了一条短信给我，语气极富攻击性。收到这条短信后我竟然几夜没有睡着，不断地想象着这位朋友因为没有我的帮忙而陷入窘境的情景。我处在保护家庭还是帮助朋友的冲突中无法自拔，对自己的无能充满了失望。我们不仅无法拒绝别人，甚至有时候还会主动地去取悦别人。但是，取悦本身无法给我们快乐，相反，当我们事后回味自己这一行为时还会产生某种恶心和厌恶感。它不是一种真正意义上的“奉献”，而是一种患者察觉不了的隐藏动机：取悦行为能够让人的心理处于优势地位，这会让我们产生“我已经够好了”的错觉。

4. **追求快感并将快感当成享受**。儿童的思维模式极为简单，对他们来说，精神世界的享受自然存在，但更多的是一种感官的愉悦。成长后，他们会逐渐把感官的愉悦和快乐对等，再加上周边环境的感官刺激因素，会形成一种娱乐至死的氛围。娱乐会产生一种错觉，能够让我们将自我感受暂时放到一边，它们以“缓解压力”“人生即享受”等面目出现，但每一种娱乐的背后都是商业机制在发挥作用。对神经症患者来说，这种所谓的享受并不能带来精神层面的解脱，相反，享受本身就是焦虑的产生因素之一。我并不是像《娱乐至死》[1] 的作者一

1《娱乐至死》：美国媒体文化研究者、批评家尼尔·波兹曼于 1985 年出版的关于电视声像逐渐取代书写语言过程的著作，也是他的媒介批评三部曲之一。另两本为《童年的消逝》和《技术垄断》。

样，为群体的社会发展感到担忧。虽然这种担忧非常必要，但我更想说明的是，从个体来说，“娱乐”只是一种幻象，它解决不了任何问题，这才是本质问题所在。我所讲的任何问题，前提都是你现在保持着焦虑和抑郁等情绪无法解脱，希望读者予以恰当地解读。在这个前提下，追求快感本身会加重焦虑程度，你的交感神经会空前活跃，多巴胺让你的头脑无法安静下来。同时，神经症患者甚至会将痛苦和孤独作为一种秘而不宣的享受，有时他们会沉浸在自怨自艾的氛围当中不能自拔，这并不是一种简单的自虐，而是他们想要把自己放在值得同情的位置,以期求得内心冲突的平衡。这种“享受”带来的严重后果是，当他们面对必须做的事情时，会下意识地采取拖延的策略。世界上并不存在所谓的拖延症，拖延的背后是一种逃避的思维，快感则是我们的避风港。

5. **把外在因素作为填补内心冲突的唯一方法。**如果我们对固化思维没有基本的认知，就无法意识到自己真正缺少的是什么，是何原因导致我们产生了寂寞空虚的感觉。在这种情况下，我们会对外界事物产生依赖的倾向。其实，对感官刺激的依赖也是其中之一。但这种依赖更多地体现在情感上，神经敏感的人在情感的依赖上显然比别人要更多。儿童需要依赖父母才能健康成长，但神经症患者在成长过程中将父母移情到了他人身上，对他们来说，“爱”这个词显得尤为重要，但他们往往侧重于被爱，很少思考如何去爱别人。如果想到爱别人，则思考更多的是为别人付出了多少，以期能够通过付出取得回报。所以，为什么那么多人以爱为名去依赖别人，是因为他们并没有接纳自己，或者说他们还不懂得如何爱自己。所以，从表面上看，这群人的确为“爱”付出了一切并且无怨无悔。电影《被嫌弃的松子的一生》[1]中的女主角就是这种形象的典型。有一个很特殊的现象，就是在这个群体当中，女性占了极大一部分。这会让我们产生一种误解，认为女性对情感的依赖程度比男性更多。事实上，**是敏感的天性决定了依赖程度，而非性别**。我们必须承认，大部分女性的神经较男性敏感，焦虑性神经症患者中女性人数为男性的两倍。但这绝对不是简单的性别问题，它有着极其深厚的历史文化因素。一直以来，女性从儿童时代开始受到的道德暗示远远多于男性，其压抑程度也远远高于男性。许多道德问题，对男性来说不过是某种错误，对女性来说就是灭顶的灾难。鲁迅在小说《祝福》中就向我们展示了一个女性是怎样一步一步成为神经症患者，并一步一步走向毁灭的。心理问题的背后是社会问题，而这个问题至今仍然存在。现在流行“男孩穷养、女孩富养”的观点，赤裸裸地把心理问题分成了穷富两个层面，我甚至在网上看到有人以此例证，穷人家的女孩会相对虚荣，会为了对方的一点点恩惠付出自己的所有。这个观点的荒谬之处在于它没有意识到虚荣产生的根源并不在于穷或富，而在于情感的依赖和自我的认可。

6. **惯于“自恋”**。从以上特征看，神经症患者似乎喜欢违背自我的意愿，但如果深入探究，我们会发现他们的所有行为其实都是围绕着“自我”展开的。神经症患者几乎都是极其自恋的人。但这种自恋并不是直接意义上的喜欢自我，而是自我意识非常强烈，以至于他们认为自己的一言一行都会被别人看在眼里，所以宁可通过包装自己来进行

---

1《被嫌弃的松子的一生》：影片改编自山田宗树所著同名小说，由中岛哲也执导，中谷美纪主演。

自我保护。心理学家阿尔弗雷德·阿德勒认为神经症患者没有认清人生的真正意义在于奉献，且不论他的观点是否正确，他的确认识到了患者自我意识过于旺盛这一事实。这种“自恋”意识的来源非常复杂，表现形式也非常复杂。许多西方学者认为这是西方思想体系中过于强调个体所带来的恶果，但这个论点只能表明他们并不了解东方模式。比如在一个以传统思想为主的国家，强调集体削弱个体，会不会消灭这种“自恋”情结？答案显然是否定的。因为没有一个国家通过强化集体达成了合作共赢的目的，集体观念通过大量的暗示，让神经症患者认为无法和他人交流是一种“情商低下”的表现，让他们学会了屈从而不是合作，让他们宁可放弃自身利益去附和他人而不是共赢。自恋的根源恰恰是患者不能接受自我，而这是合作与共赢的前提。通过强化集体让个体削弱甚至丧失自我意识，是一种极端且不可靠的做法。

7. **具有极强的控制欲**。事实上这一点也是神经敏感者自我意识旺盛的表现，虽然他们往往表现出完美主义的倾向，但实质是他们对周围的人和事具有强烈的控制欲，其目的是为了彰显自我的优越感。**之所以对优越感如此重视，本质是因为他们普遍具有“自卑情结”**。这环环相扣的过程并没有明显地通过语言来表现，行为模式也趋于隐性。在一些儿童患者治疗的例子中，孩子通过尿床、生病等行为来表现出希求父母关爱的也并不鲜见。但这种希求关爱可能是为了控制父母，并突出自己在家庭中的优越地位。也就是说，患者并没有察觉到这种控制欲的存在，他们往往通过大量的“自我牺牲”、附和他人来达成控制目的，更重要的是，他们也想如法炮制这些手段来实现自我控制。一旦失控，他们就会产生强烈的焦虑。比如打扮成乖小孩和过分调皮捣蛋这样看似完全相反的行为，其目的是一致的，以至于我们无法分辨他们的行为模式。成人后，控制欲同样会让他们试图做出儿童一般的行为，但事实上没有人能够操控一切，于是他们丧失控制权的恐惧会逐渐增强，为摆脱恐惧，患者往往会主动放弃与他人之间的交流，封闭自我，尽量避免一切需要和他人合作的事情，以此实现自己的控制权。成人的这种控制大多集中在对配偶和孩子的掌控上，用“关爱”的名义让对方痛苦不堪，有些神经症患者对配偶的控制已经到了疑神疑鬼的地步。所以，神经敏感者的恋爱往往会发展成虐恋，他们有时热情如火，有时又极其冷漠，这种阴晴不定的态度不仅仅是任性，更是表明他们希望以此来掌握主动权。

我讲的“儿童模式”并不是指所有的人格倾向都是在儿童时代催生的，尽管出于原生家庭因素考虑，儿童时代的确会催生出许多固化思维，但更重要的是，**我们在成人阶段运用的思维、进行的思考、采取的行动，依然是儿童式的**。我们的心智并没有随着年龄的增长而日益成熟，我们的行为依然受以上七大特征的影响。所以当我们产生焦虑、抑郁、恐惧等情绪时，或者陷入孤独、悲伤的状态中时，如果找不出现实的因素，不妨问问自己：我是不是进入了“儿童模式”？你也可以用这七大特征来观照一下自己。

•

神经症是不是意味着心智不成熟？一直以来，我被这个问题困扰了很久，直到我懂得了观察，逐渐理清了焦虑、抑郁和环境之间的关系。我以为，**并不仅是神经症患者处在心智不成熟而不自知的状态中，“儿童模式”一直是一种普遍的现象，这一点有大量的社会例子作为证明。**相反，神经症患者敏锐地感觉到了“儿童模式”的存在（哪怕他并未用这样的名称）并形成了内心的冲突。从这个层面看，神经症不仅不是一种病症，还是一种让我们趋于成熟的信号，它甚至是神经症患者走向成熟的必经之路，哪怕这期间会经历难以想象的痛苦。

当我们处于某种状态中，第一反应是如何解脱。但因为它是一场与固化思维对峙的“战争”，所以外界并没有一种能够解脱的具体方法。我们唯有从内部入手，去体验由“儿童模式”产生的情绪。

体验作为观察之后的第二步骤，是被严重忽略的。情绪很难作为一种实体被观察到，它只能被感知。这正如你只能观察食物，却观察不了酸甜苦辣。你要把体验作为心智成熟的前提，当痛苦情绪升起时，好好去品尝它，而不是沉溺于情绪之中。事实上，体验疗法早就被列入精神治疗的范畴当中，比如前面我讲的恐惧症疗法，其实是一种对恐惧本身的体验。但是，因为患者已经对负面情绪抱有一种天然的抵触，他们的第一想法就是迅速逃离现场，所以无法把情绪纳入自身的体验当中。他们认为，正常人是不该有负面情绪的，负面情绪的产生是不正常的。但其实无论谁都会产生负面情绪，预设一个快乐而轻松的自己等于给我们的心智出了一个无法解决的大难题。

许多心理治疗师把体验的过程称为“拥抱内心的孩子”，这是因为我们的思维还处于“儿童”阶段。可能许多读者又会以此认定，心智不成熟是一件不好的事。神经症患者一天到晚总是喜欢做出各种判断（身份认同和道德感本身就是判断的结果），仿佛生活存在AB选项，能够自主选择。在对神经症的治疗过程中，从来没有一种方法叫作“判断”，之所以会产生内心的冲突，正因为我们极想判断眼前的局势而做不到。当我们产生焦虑的情绪时，去体验这种情绪的味道，不去问“为什么”，更不去想“怎么办”，因为体验本身就能促进你的心智成熟。你要感知焦虑在身上流窜的过程，感知焦虑对呼吸、心跳和血液流动的影响，说白了，焦虑本身就是一种身体反应的综合感觉，当你胸闷气短，血液流动加速，它本身就被赋予了“焦虑”的意义。焦虑既不是实体，也不是幻象，仅仅是一种感觉而已。这种感觉是基于固化思维带来的冲突而产生的，如果你已经对固化思维有了基本的认知和观察能力，感觉就不再重要。这正像你已经知道了病因，那么病症产生的痛感对你来说也只是一种无可奈何的副作用而已。

体验这一过程并不意味着你要放下手中的事情。恰恰相反，我们不能因焦虑而放下手中的工作，哪怕手中的工作就是你焦虑的原因，请记住，那只是表面的原因。深层的原因永远是固化思维，是你的“儿童模式”在发挥着作用，是你的身份认知和道德感在发挥作用，是你对这一切的抵触和冲突在发挥着作用。**那么，作为一个成年人，唯一的方法就是一边体验焦虑，一边去做该做的事**。这是你的唯一选择。如果你担心事情做不好，就在体验担忧中去做，如果你厌恶做这件事，就在体验厌恶中去做，如果你强迫自己必须做得完美，就在体验强迫完美的感觉中去做。你没有任何任性的理由，放弃和逃避只会让你再次陷入儿童模式，但你已经不是一个孩子了，所以只能体验成长的痛苦，这种体验能够让你进一步了解自己的现状。

事实上，你只要做好眼前的事情就可以了。你要允许自己焦虑、抑郁和恐惧，即使你强烈地希望在别人面前能够表现自己的另一面，但“另一面”只是你预设的虚拟形象，**那个焦虑、抑郁和恐惧的你才是真的你，**在这个基础上，你能够观照焦虑和抑郁背后的心理机制，观照到你的固化思维，当你把固化思维摆在台面上，它就失去了力量。

在这里我需要再强调一遍，要做好当下的事，首先必须认识当下的你，无论那个你如何让自己不满意，那个你依旧是一种无可置疑的存在。这是我们让固化思维失去力量的有效方法：要超越焦虑、抑郁甚至自卑等情结，看到那个满心希图控制一切的你，希望在环境中充满优越感的你。在焦虑出现时，你可以这样对自己说：我又想控制一切了，我又想让别人喜欢我了，我又强求生活围着我转了……这时，你也许会发出会心的微笑。因为，这怎么可能呢？这有何必要呢？

# 8 思辨思维
## 东方智慧所蕴藏的思辨能力

《道德经》

唯之与阿，相去几何？

美之与恶，相去若何？

一直到现在，我都经常失眠，有段时间不得不服用褪黑素等辅助睡眠的药物。失眠最悲惨的不是睡不着觉，而是躺在床上时会被各种念头搅扰。这些念头有可能是关于工作或者家庭，有可能是白天发生的一件不愉快的事，甚至有可能是某张讨厌的面孔，它们顽固地在大脑中一遍又一遍地上演各类悲剧和恐怖片，剧情活灵活现，令人烦躁不已。这些念头无一例外都能引起焦虑，可以说，大部分时间我都是伴随着焦虑入眠的，早上醒来后疲惫不堪，像是经历了一场残酷的战争。这些念头虽然源于固化思维，但它们不成体系，是一种碎片化的意识，不过表明大脑皮层过于活跃，交感神经和各类激素分泌物你来我往热火朝天。经历这种折磨的时候，你会发现理性根本发挥不了作用，它成了理论上行得通但真正陷入焦虑时一无是处的东西。

我试过背诵经文、身体扫描等各种手法，虽然有时比较有效，但实在是累人。后来我养成了一个习惯，每当陷入焦虑，就在头脑中设置一个和智者交谈的场景，我试图勾勒智者的形象：不是端坐于庙堂法相庄严的那位，而是坐在菩提树下的一个年轻人。他长得极为清瘦和秀气，穿着偏白色的衣服，露出右肩，结跏趺坐。我默默地走到他面前，与他展开一场对话。

“你来了。”在我设置的场景中他基本都是这样开场的。

我点点头，坐下。

“我睡不着，我学的那些东西都不顶用，我还是非常焦虑。”我非常坦诚地说。

“你学的那些东西已经有用了，”他说，“不然你怎么会来找我？我就是你所学的。”

我承认他这句话令人哑口无言。

“你想告诉我什么呢？”我问。

“你又想告诉我什么呢？”他反问。

我发现自己创造的这个年轻人有些神秘。当然，是我主动找他的，提问方应该是我。

“我经历过那么多的自我探索，经常在思考自己到底是想要解脱还是去寻求智慧。但不管哪一样，我都没有做到，当我被日常事务缠住时，就不再具有思辨能力，好像那个我已经死去了。但有时，我也会有寻找智慧的领悟感，比如在散步和独处时，不过更多的时候，我又成了那个毫无进展的人，恐惧和焦虑实实在在地控制了我，比如我是那么担心孩子，害怕他在学校受欺负，害怕他将来会经历更多的磨难。每天入睡前我都为此焦虑。当然，类似的焦虑还有很多……”我一边说一边恼怒于自己的词不达意。

但他显然听懂了。我模糊地见他露出了一丝微笑。

“智慧……”他默默地念了一遍，“那么，你知道自己生前和死后的事吗？”

我心里一凉。难不成他要和我讲轮回？

“我指的是你出生之前的这个世界和你死后的这个世界，你有去观察过吗？比如你走的这条路，前人也走过，他们都是真实存在的，你死后还有人会走，你不过是他们当中的一员，某一个节点的重叠。你的孩子也是这样的。你有观察过他生前和死后的世界吗？对不起，他和你一样也是生命而已，不过你仍然无法想象他的死亡吧？”他解释道。

“我有想过，但很少。因为这让我恐惧。”我承认。

“不是想，是观察。你走的每一条路，都可以这样去观察。”

“但我仍然无法阻止自己的恐惧和焦虑。”

“不，那是另外一个问题。我不喜欢给智慧下定义，但经过观察，你会发现那些拥有所谓智慧的人，在思维上具有超越自身的广度，一般的人只能看到眼前的利益，聪明的人可以看到未来的利益，痛苦的人被以前的记忆束缚。但智慧不一样，它让人观察到你不能触及的东西，你的生前，你的死后，你会知道自己的平凡、渺小和无常，你也会看到那些纠缠你的东西在你出生前不曾有，在你死后不曾有。比如你现在对我说的焦虑。”

“但焦虑似乎阻碍了我对智慧的探寻。”

“怎么会呢？它们难道水火不容？没有焦虑，你会想到去探寻智慧吗？这是两个不同的问题。焦虑是焦虑，智慧是智慧。我也是会焦虑的，”他谦虚地一笑，“你是因为爱孩子才会替他担忧吧？那么，你会因为不想担忧而舍弃这份爱吗？”

“当然不会！”

“但你只想拥有爱，不想拥有焦虑。这就像你小时候，既想成绩好，又想不用去上课。你的思维并没有成长。”

我又无言以对了。

“爱一个人，意味着你想要保护他，担忧是必然的，焦虑也是必然的。既然爱他，你应该会全力以赴地保护他吧？”

“当然！”

“那比如他遭受别人的欺负时，你会怎么对他说？”

“我会告诉他，就算害怕，也要反抗。如果退缩，欺负就会随时降临。”

“那为什么不把这句话对自己再说一遍？你要教他这个道理，自己为什么不去实践？你就算焦虑，也要爱他，全力以赴地做自己力所能及的事。这不正是你想教给他的？”他问。

“你的意思是，我必须忍受焦虑，去做自己该做的事？”

“知道自己该做什么，难道因为焦虑就不再做了吗？与其说忍受，不如说去体验，那可能也是爱的一种味道。你完全可以焦虑，可以担忧，但你已经知道自己该干什么，至少没有迷惘了。”

“去做自己该做的事。”我沉吟了一遍。我似乎感觉到有一股力量在冲击我那过度活跃的脑神经。

“谢谢你。”我说。

“不用谢。我就是你的思维。”他说。

我大概已经睡着了。

•

不久前，我才知道自己的这套把戏被心理学和精神学人士称为“自我催眠”。美国脑神经科学家安东尼奥·达马西奥[1]在《当自我来敲门》一书中有这样的表述：实际上，大脑对于产生映射极为痴迷，甚至会对自己的工作进行映射，与自己对话。这是段值得玩味的话，

1 安东尼奥·达马西奥：美国神经科学研究专家。著有《笛卡尔的错误》《当自我来敲门》等作品，着重研究意识在人脑中产生的机制。

**意味着我们的大脑不仅仅是被动的“接收器”，它还能对接收的信息进行再加工，而这种加工是一种思辨能力的展现，它是一种高级思维形式，因为它的存在，我们才能够对固化思维进行反思和解构，从而改变旧有的认知。**其实在几千年前，这项“自我催眠”的做法在东方非常盛行，东方的智者们在没有进行任何自然科学研究的基础上就已经开展了自我对话。或者可以这样说，正因为“缺失”了科学手段，东方智者的思辨能力反而呈现出不一样的魅力。

美国神经系统科学家戴维·J.林登[1]在《进化的大脑》一书中则表示，人一生中有80%的时间是用直觉和感性去做事情的。实际上我们也感觉到，我们的理性思维跟不上情绪升起的速度，也就是说，焦虑、恐惧等情绪是一瞬间升起的，一旦某个碎片化的杂念一产生，情绪就接踵而来，根本来不及预防，我们能做的无非是一些善后的工作。而观察固化思维、体验情绪等则是一些日常的修炼，不能用以应急。民国时期有位打坐高手叫作蒋维乔[2]，他所著的《因是子静坐法》把这些碎片化的意识和情绪形容成猿猴，只能通过冥想去锁住它，不让它跳来跳去。

如果不能化解固化思维，冥想的效果就极其有限。这意味着在观察和体验这两大步骤之后，我们还不能做到解构固化思维本身，我们必须具备基本的思辨能力，而“自我催眠”则是思辨能力的内化，也就是说，不具备思辨能力的人无法通过与自我对话达到目的，哪怕你

1 戴维·J.林登：美国约翰·霍普金斯大学医生院教授、神经系统科学家，也是《神经生理学》杂志主编，多年从事脑科学的科普工作，著有《进化的大脑》等作品。

2 蒋维乔：自号因是子，近代教育家、哲学家和佛学家，代表作为《因是子静坐法》，从道教和佛教入手研究静坐养生。

想象自己现在坐在宁静的花海里，睁开眼后最多只能得到短暂的平静，只是从固化思维中暂时跑出来喘几口气。为什么？**因为它根本就没有聚焦在内心冲突上，冥想成了一种以休息为幌子的逃避行为，**仅仅是枯坐而已。但那显然不是我们的目的。一旦我们知道自己该做什么、怎么做（定向的正念行为），固化思维所拥有的逻辑才会显现出固有的破绽。也正由于此，才会有所谓的意义疗法，《自卑与超越》[1]一书开篇才会问我们：人生的意义是什么？（尽管我并不认同阿德勒所说的意义。）这些看似和心理学无关的形而上的内容实质上是高级思维认知能力的基础。

法国催眠大师弗朗索瓦·鲁斯唐在《什么是催眠》一书中大量引用了老子的言论，并将“中性”和“无为”作为催眠治疗的有效手段进行实践，而法国思想者罗兰·巴特也对老庄思想情有独钟，这一切恐怕并非偶然。尽管心理学是西方的产物，但鉴于其学科的特殊性，其精神分析和认知疗法都不可避免地和哲学思想产生交集，这也注定了心理学并非一门单纯的自然科学。尤其是当我们去审视思维时，东方思想以其区别于西方演绎归纳的形式开创了独有的思辨模式，这种思维并不专注于外界的刺激与神经反应，也不急着将自己的理论归类于哲学或者心理学，他们不仅摒弃了下定义、分类别、做实验的科学手法，还发现了一个天大的秘密：我们内心的痛苦正是妄图给这个世界制造各种概念而产生的。从这个角度讲，这些东方智者在几千年前就预言了我们的今天。

1《自卑与超越》：个体心理学代表人物阿尔弗雷德·阿德勒的代表作。该书英文名为 *What Life Could Mean to You*。该书主要以个体心理学为入手，讨论合作共赢的重要性，并非介绍如何摆脱自卑的专业书籍。

他们只有一个议题：如何化解我们的苦难。

请注意，这个苦是指藏在我们内心当中的苦，而非世界的苦难，当然，这两者之间联系密切，世界大部分苦难本身就是由人引起的。东方思维也没有试图消灭我们的焦虑和抑郁等情绪，因为它们根本消灭不了。比如禅学专注于如何解脱，能够在任何时候任何地点进行修行，比如吃饭与睡觉时。通过修行产生顿悟，最终达到生命的喜悦。和西方不同，东方思想者（用现在的话说，他们都是认知心理学派的高手）在面对“人”这个议题时，几乎没有想过靠某位神灵来帮助自己解决问题。就如何化解苦难，他们也有一套自己的思想体系，主要表现在：你意识到了苦（焦虑是你意识到苦的信号，而非苦本身），你能够主动体验苦（在体验情绪中感受内心的冲突），你思考苦（用思辨的能力去解构，从而总结出消灭苦的方法），你用这些方法去解构苦（唯有行动才能改变认知）。

这些步骤和我提出的观察、体验、思考、行动是相符合的。那怎样才能用思辨的能力去改变自己的认知？有什么具体的途径？首先是戒除不良的习惯和癖好，通俗地讲就是转变自己的生活方式，这里涉及一些非常具体的问题，比如不饮酒，不做无谓的杀生，不恶言。通过习惯的改变，我们的精神状态就能安定下来，这时就全身心地训练自己“活在当下”的本领，吃饭的时候就吃饭，睡觉的时候就睡觉，不颠倒内容。最后，也是最重要的方面，我们要通过“安住当下”最终领悟生命的智慧，即生命运行的规律，以及我在生命中所处的位置。

这种思维的思辨性主要体现在以下几个方面：

1. **我们要面对内心的痛苦**。不管内心处在怎样的状态，首先得承认痛苦的存在，绝不逃避。这个做法极大地挑战了西方思维（现在甚至可以称为大众思维），因为我们通常认为痛苦是一种不正常的状态，不开心是不对的，焦虑是必须排除的，恐惧就要想办法摆脱。我们视这些负面情绪为大敌，想尽办法要将其驱逐出去。但是，驱逐本身就是最不可行的方式，因为负面情绪没有实体。东方思想者不排斥它们，也不会用好坏去区分它们，因为它们只是一种存在。所以，最简单的办法是，产生焦虑时，我们意识到了焦虑的存在，虽然不痛快，但也是无可奈何的事情。也就是说，他们所做的并不是摆平焦虑等负面情绪，而是摆正对它的态度。

2. **我们要解构内心的痛苦**。解构痛苦的过程即是对世界和自身的重新认知过程。首先世界是变化的、无常的，但无常并非没有规律，而是说事物有起源、发展和结束的时候，同时事物之间存在紧密的联系，这恰恰是规律所在。我们之所以痛苦，是因为从认知上把事物放在恒定不变的格局当中，过于在意得到和失去。事物是动态发展的，人也一样，因此“得到”和“失去”就失去了威力，因为你根本就不可能真正拥有某种确定的事物。换句话说，**任何人最后都将一无所有**，连自己都会失去。从理论上说，这句话是无懈可击的。关键是你能否真正意识到并且践行这一理论，而不是仅仅认同它。其次，在任何规律面前，人都不是主体，没有“我”的存在。如果东方思想中的“道”指代规律，那么“法”就是周围环境造就的各类事件，我们应该在这个环境中去破解“我”这个概念。不是你作为个体消失了，而是你的身份认知消失了，你真正回归到了生命体本身。正如先前所说，破除概念是东方思想思辨性最大的特点，它打破了西方哲学的认知基础。我们的身份认同和道德感依附于概念之上，概念带来了判断和比较，而我们的绝大部分痛苦是和他人比较而来的。我们无须细究“我”的有无，只要明白人类的心灵探索和自然科学在方法论上并不一样，不是对周围的一切都下一个定义就能解决所有的问题，比如什么是爱？什么是灵魂？什么是心灵？它们并不属于自然科学的范畴，无法精准定义。最后是领悟生命的本质。认识了生命的无常，我们就能洞见事物的规律，超脱自我固化思维的束缚。禅宗惯用“空性”来解释这种境界。“空”不是一无所有，不同于我们现有对“空”的所有解释，我们可以将之理解成另一次元的概念，它的反义词也并非“有”，而是“恒定与固着”。从横向时间上理解，如果明了万事最后都归于无，没有什么事会一直保持现有的状态，就是空；从纵向空间上理解，如果明了事物是由其他事物（原子）组成，其间不存在大与小、多与少的概念，就是空。比如人本身，横向上最终是要消亡的，纵向上组成人的是器官、神经，而这一切都是由细胞组成。所以，并没有一个恒定的概念能够称为“人”。

3. **我们要如何行动**。内观和正念就是极具东方特色的实实在在的修行，现在被许多心理治疗师所采用：“禅”覆盖了生活的日常，我们可以坐禅、卧禅、行禅。把它作为一种生活方式加以践行。有一种修行称为“五停心观”，包括慈悲观、不净观、因缘观、数息观等，具有极强的操作性。比如不净观，就是指我们在产生焦虑时想象自己是一堆尸骨，以此缓减我们内心所拥有的傲慢与执着。

总之，万事万物都是动态并且相互联系的，包括任何生命体在内都没有永久存在的事物。我们要在这个基础上明确自己的认知，开展自己的行动。所有的痛苦都源于我们以为自身是恒定不变的。从这个角度上看，东方思想含有心理学中极为重要的认知和成分，是人类最古老的探索心智的方法。

•

如果我们去观照自己的固化思维，会发现所谓身份认同和道德感是一种认知的结果，而我们的认知是对客观世界扭曲的解读。再深入一步，这种认同是怎样产生的？通过环境的暗示就会直接产生这种认知吗？当然不是，环境之所以能够将暗示顺利地摁进我们的脑袋，恰恰是因为我们缺乏思辨能力。我们会判断，但不会自省。这就是区别。

我们的认知行为中有一种判断方式非常典型，我称之为“二元论”判断，即将事物习惯性地分为正反两面，非黑即白，非好即坏。大部分心智不成熟的人都惯于用二元论去认知事物，身份认同和道德感就是在二元论的认知方法上得来的结果。他们不仅用二元论去判断事物，也以此来判断人本身。任何观念之争几乎都来源于二元论，它只有一个恒定的角度，只有一条准则，且和道德有关，群体的二元论观念更是如此，他们甚至用这些观念来区别“敌我”阵营，并逼迫别人表态。

二元论的概念是封闭的、排他的，它会让我们习惯给事物分类，贴上各种标签。儿童对外界的判断大部分采用二元论模式，这是因为他们的思维能力尚未发展，而且缺少训练。但是，在成长过程中，我们并没有意识到这个问题，加之环境（尤其是父母）暗示基本以二元论的方式进行，我们就成了在精神上“营养不良”的人。我们的焦虑和抑郁大部分是以这种方式产生的，正因为我们把事物简单地分成了好与坏，从而产生了强烈的比较。所以心理问题并非简单的生活态度问题，它牵涉到个人和群体的世界观与方法论。一个抑郁症患者虽然表现为“有各种幸福的理由但完全幸福不起来”，但其实质并非身体机能障碍，你用怎样的方式去看待这个世界和自己，这不是先天而成，而是后天习得。

二元论带来的后果是观点的封闭性，这种封闭会导致我们盲目遵从一些流行的观点，使我们失去了真正的判断力。有趣的是，这些观点往往还穿着“科学”的外衣。比如左脑与右脑，对脑神经稍有常识的人都会知道，左右脑在分工上虽然有侧重点，但其差别微乎其微，绝没有右脑管感性、左脑管理性这样的孤立结论。但在现实生活中，以培养右脑为噱头的培训课程不计其数，甚至某些专家在培训课上都振振有词地用左右脑的理论去诠释人的区别。再比如弗洛伊德讲的“俄狄浦斯情结”，会让我们误以为每一个男孩在潜意识当中都想占有母亲，并且憎恨父亲，而女孩则反之。甚至许多精神分析流派的心理咨询师在进行儿童心理治疗时都会套用这个理论。但这个理论并没有明确的证据，在后期的心理研究中，已经有不少心理学家提出异议。因为人类心理不可直接测量，所以断言心理学其实是一门建立在假说基础上的学问并不为过。事实上，姑且不论“俄狄浦斯情结”是一个假命题或是伪命题，孩子与父母之间并不见得像弗洛伊德所说的那样可以用“性欲”去解释，其实这些孩子不过是依赖程度较强，以至于他们想要去控制父母。这个在心理学上也不鲜见，每一个看似软弱的、依赖欲望极其强烈的人本质上都是控制欲极强的人，这也是儿童模式在成人身上的展现。有意思的是，不仅我们会盲从观点，就连心理学界也是如此。比如“潜意识”理论，弗洛伊德的自我、本我和超我观念，一个完全不懂心理知识的人都能够讲出一二三来，而大部分心理学家都是以存在潜意识为前提开展自己的理论研究。许多人甚至通过催眠术去印证这一点。但潜意识并不是指我们的意识真的有一部分沉睡于黑暗的领域当中，更不是指唤醒潜意识能够激发我们的所谓能量和智慧，而是我们人类本身对心理机制知之甚少。事实上潜意识处处都有外在的表现，只是我们缺乏相应的观察。这是一个很简单的道理，我们知道如何打开电视，未必就知道电视的成像理论；三岁小孩都会操作手机，但他们不可能知道手机的工作原理。人类的大脑始终是一个谜团，它的神秘程度可以和宇宙大爆炸相提并论。不是意识太神秘，是我们的认知还跟不上，仅此而已。

•

“众生皆苦”的观念，是破除二元论的思辨能力的展现。内观不仅是观察内在情绪的升起与消亡，更不仅是观察呼吸的进出，而是通过这种方式探索自我的一个过程。美国进化心理学家罗伯特·赖特[1]认为，东方的许多思想具有极强的思辨能力，这种思辨性甚至能够通过实验得到证明。这种思辨的最大意义就是进一步扩展了“苦”的意义，而不是将痛苦与快乐对立。人之所以苦，不是因为不能快乐，而是所有的快乐和不快乐是相伴相生的。**追求外在的快乐本身就会带来痛苦，或者说人所有的痛苦就在于他想要追求外在的快乐**。这是对二元论发起的最有力的进攻，也是心智在高级阶段的一个总结。在我们的观念里，快乐和痛苦是一对水火不容的矛盾，摆脱痛苦、追求快乐是我们所有行为的意义所在。出于二元论的固化思维模式，我们如果不具备思辨能力，根本无法接受“快乐本身就是痛苦”这样的观念。问题不在于快乐本身，而在于它是外界给予我们的假象，如果我们留心观察，

1 罗伯特·赖特：美国进化心理学学者，著有《非零和时代：人类命运的逻辑》《道德动物》等作品。他在去除了佛学中的“超自然”因素后提炼了佛学的观念，并用现代科学的证据去证明佛学观点的正确性。

会发现所有的懒惰、拖延都以“放松一下”“休息一下”之类的名义进行，但这些所谓的放松和休息最后从来没让我们快乐过。

通过思辨，我们能如实观察自然本性。但是，这种观察并不仅仅停留在当下，而是需要客观地认知眼前面临的问题。显然，这也是一个多元论的角度。活在当下，并不是不思考未来，因为我们的思考也是在当下发生的。活在当下，也不是不总结过去，总结也是在当下发生的。重点是我们必须注重在当下发生的行为。比如“观呼吸”这种修行，最大的作用不是你感悟了什么，而是你用这种方法把注意力集中到了当下，而不是沉溺于幻想的杂念当中。你需要**如实地**观察，**如实地**认知，**如实地**行动。你的所有表述必须符合事实，以此来转换你的思维模式。比如当你和某人发生冲突时，如果你单纯认为要对讨厌的人表示慈爱，这对原本道德感非常强烈、容易产生愧疚情绪的神经症患者来说会产生极大的压力，压力又会导致焦虑等情绪产生，进而导致自我怀疑。对我们这些凡人来说，要对一个自己厌恶的人表示慈悲，很可能只是为了表达自己的优越感而已。**不是内心认可的事就不需要勉强自己去做，这对我们来说非常重要。**讨厌就是讨厌，喜欢就是喜欢，你将客观发生的事情不加评价地表达出来，不仅有助于应对现实，也会让你避免产生“憎恶”与“不能憎恶”的内心冲突。鉴于固化思维的作用，你在某些时候无可避免地会产生焦虑情绪，但正因为你知道焦虑无可避免，才不会被情绪完全控制，最终做到：**不管是否焦虑，我始终在做该做的事。**这就足矣。

所以，我个人认为，思辨能力最大的作用不是缓解情绪，平复情绪本身不是目的，而是你能通过思辨性思维确保自己的行为能力，至于情绪，从来不是自我探索的重点。事实上，当你通过日复一日的训练将思辨性思维融入日常生活中时，情绪本身就会慢慢平复。这是一个很简单的事实：假如我们把情绪比作一个讨厌的人，他日夜跟随着你，让你不得安心。怎样才能让他离开？你会试着冲他吼叫、发火，会哭泣、悲伤，会试图和他讲道理，甚至极端时会施以暴力，反正软硬手段都会使用。但对毫不理会你心情的人来说，这一切会管用吗？不，能让他离开你的唯一方法，就是让他觉得待在你身边是一件极为无趣的事。而让一个人感到待在你身边很无趣的唯一方法，就是让他感到你有他没他都一样，你的眼里没有他，你只是在做自己的事。

•

当我们去观察东方思想者的成长历程时，会从他们的行动中得到极大的启示。可以肯定的是，大部分富有思想的先哲都经历过难以想象的精神上的痛苦和折磨。从多元论的角度去看，这种折磨带给他们的并不仅是沮丧和忧郁，而是因为痛苦产生了疑问，即为什么痛苦，进而毅然决然地去修行，用行动去解决痛苦的存在，最后取得了消除痛苦的办法，从实践中总结出经验。这个过程可以用质疑、反省、学习、思考、行动去总结，它恰恰是思辨能力产生的必经过程，甚至是思辨本身的展现。我们可以尝试把这个过程和神经症患者所运用的固化思维进行比对，看看两者在方式上有什么不同。

1. **质疑与自疑**。我曾说过，神经症患者是习惯质疑的，焦虑和抑郁恰恰是因为他们总是不能确信自己的行为，从而产生了内心的冲突。质疑原本是神经症患者的天赋，但他们很可能用错了地方。也就是说，他们质疑的焦点似乎并不精准，总是停留于：我这样做真的对吗？他会不会对我有不好的想法？我这种行为是不是会惹别人不快？……这种质疑总是围绕着身份认同和道德感进行，以二元论的方式去判断，从而产生了焦虑，本质上是一种“自疑”而已。**任何负面情绪产生的唯一的直接原因，就是强迫自己去实现某个目标而不可得，而这种“强迫”是固化思维的错误认知导致的，**所以神经症患者多多少少都有自我强迫的现象。但反观历史，我们会发现伟大的人物总是善于质疑。不论他们是王子是贵族还是贫民，总是能够从现实生活中观察到另一面：世界苦难的一面。因为这种苦难的体验，他们会产生疑问，会对人与人之间不平等的关系感到困惑。即使是庄子这样专注于世外逍遥游的人物，也会忍不住爆发“窃钩者诛，窃国者为诸侯；诸侯之门而仁义存焉”的愤怒。这些质疑往往突破了“小我”，会把世界的苦难转化成自身的苦难并且一直折磨自身。我猜想，他们的第一反应也是想要摆脱痛苦，不同的是，我们想通过逃避去消除负面情绪，所以企图寻找外物的帮助，他们则用惊人的勇气身体力行地去探索答案。

2. **反省与愧疚。探索答案需要不断反省，是一个极其痛苦的过程。但这个过程之所以能够不断推进，原动力就是痛苦，**而不仅是东方思想者天生具有高远的志向，哪怕这两者之间有密切的联系。比如孔子在 50 多岁的年纪决定周游列国，如果仅仅认为是对鲁国政权的失望，未免过于狭隘。这是他长期反省的结果，也是一项具有高度决心的行动。一个人在心智成熟过程中，反省的阶段是最煎熬的，因为这个阶段有无数的问题而始终没有一个明确的答案。它最后往往会把原因归结到自己身上，极容易带来愧疚的情绪。出于敏感的天性，我们这些高度敏感的人会对行为进行不断的“自我检讨”，如果有哪一方面他不太满意，比如在别人面前说错了一句话这样的小事，也会长期陷在不安和愧疚的情绪当中。后者牢牢地聚焦在“小我”的感受上，他没有注意到自己和这个世界的联系，没有注意到“小我”的局限，没有意识到其实没人可以幸免于苦难，他甚至没有观察到苦难的普遍性，自己只是苦难的承担者之一。这一点就连心理学家也不例外。心理学家所做的事情，就是在水源被污染的情况下去研究为什么家里的水缸不干净，这也就是为什么心理咨询师越来越多，神经症患者也越来越多。东方思想家一开始就把反省的重点放在“人”身上，而非个体身上，寻求的不是“我怎样才能快乐”，而是“怎样去化解这世间的大苦难”。这种苦难不解除，个体的快乐不过是一种幻象。当然，我在这里所讲的意思，并不是指每一个神经症患者都必须以拯救世界为己任，而是他要意识到自己的焦虑和世间苦难的关系，要承认这种苦难真实存在并且还将长期存在，积极反省苦难与自己焦虑的关系，因为这是思辨的基础。他应该要做一个“入世”的人，不喜欢与人接触和封闭自我是有区别的，我们就生存在这个世界上，这是无可逃避的事实，**怎样在这个苦难的世界中安放自己，是所有人都不得不面对的一个问题。**当一个神经敏感的人开始把聚焦点转移到这个层面，他就不会把愧疚当成反省，不会肆意放大自己的个人感受，神经症就不再是某种困扰他的症状，相反，它已经成为我们探索内心、促进心智成熟的利器。

3. **学习与求救。**当我们被焦虑控制时，会实实在在地产生一种求救的想法。神经症患者无论其外在表现如何，是内向还是外向，是开朗还是忧郁，其内心必然是封闭的、孤独的。这就产生了一种奇怪的现象：越是孤独的人越渴望和别人产生联系。只是他对这种联系是有要求的，那得是一种深层次的联系，是一种灵魂的共鸣和精神的支撑。普通的关系满足不了他们。哪怕是一种暧昧的男女关系，也会让他们在冒险的新奇后很快产生厌倦，以至于他们觉得自己是一个冷漠的人。大部分人的性压抑是一种精神压抑，而非肉体。所以我们会发现有一些人不断地换对象，不是他们天性薄情，而是这种关系可能满足不了他们的精神需求，他们本人也没有察觉到这一点，只能像驴拉磨一样停不下来。还有更多的人通过附和他人来取得联系，完全放弃自己的主张。但越是这样，他们越会处于孤独甚至是孤立的困境当中。一旦被情绪和感受控制，他们就会觉得自己处在一个黑暗的空间无法逃离。“有没有一个人能够伸出手拉我出去呢？”他们会这么想。“我身边看似朋友那么多，却没有一个人真正了解我。”他们还会这么想。他们从来没有认为，自己在思维方式上出了问题，**能救他们的不是某个所谓的人，而是训练自己的思维方式**。当我们碰到问题时（神经症也算是一个问题），有没有主动去学习，后果就不同。但事实是，大部分的神经症患者并不懂得学习，他们总是陷入一个思维死结：自身的痛苦一定是外物造成的，要么是环境所致，要么是父母所致，要么是眼下的工作所致。他们总觉得，如果感冒发烧能够通过打针吃药解决，那么这世界也一定存在某种治愈神经症的方法。就我本人来讲，能够从一个患有轻度抑郁和中度焦虑的人变成每天写作读书锻炼的所谓自控者（只有我本人才知道根本不可能自控），并非靠某个高人指点，而是在不断的学习中懂得了观察和理解思维的运作方式。我始终认为，**人是需要启蒙的**，这种启蒙体现在思维上，体现在认知上。而我写这本书的目的也正是如此，我没有能力让你在几天内消除焦虑，改变拖延，仅仅是给你一些启蒙，剩下的路你必须自己走，而我敢断言，神经症患者的学习能力是极强的，因为他有这些需求，他具备了痛苦的原动力，他还懂得质疑，他想要改变自己的人生。

4. **思考与感受**。我回望自己的过去，同时接触一些神经症患者，有时不免会对我们这类人的思维方式产生感慨。我发现，大部分神经症患者会用感受代替思考。我曾说过，神经症患者都是“自恋”的人，但这种“自恋”和我所讲的“珍爱自己”有着本质的不同：“自恋”无法客观地看待自己的过去，也无法分析当下行为的意义。正确地说，“自恋”的意义在于**他所认知的身份和道德感**，它的本质是一种感受，哪怕与内心相冲突，他也必须装出一副符合当前身份和行为的模样，以便“保护”自己的形象。这种“自恋”倾向源于自卑，是对真实的逃避，出发点是“我应该做什么样的人，我想成为什么样的人，否则……”，而不是“我当下是什么样的人，所以……”。之所以出现这种倾向，是因为他的感知力特别强，他习惯于产生感受，并通过感受调整自己的行为。而且他毫无理由地认为，他人也应该感受自己的感受，否则就是不理解自己。因为这种调整建立在不自信的基础上，所以不可能抵消内心的冲突。心理机制所引发的口吃和赤脸现象就是这样产生的。感受和思考不是某种概念的区别，而是思维方式上的区别。感受靠直觉（固化思维）来做出直接判定，靠情绪来修正这种判定。真正的思考是立足当下的，它会采用多元化的角度去分析当下的局面，它会对自己学习的成果进行消化和应用，在批判中继承，做到取舍和扬弃。思考是思辨思维的集中体现，你很难想象一个不会科学思考的人能够实现自我管理。思考的标准，在于它是否符合我们心理运行的规律。比如自我管理，大致能够分成情绪管理、身体管理、工作管理、生活管理等，而所有的分类当中，应该存在一个符合自我当下情况的阈值。也就是说，你必须承认，人的心理规律决定了我们无法做到百分之百的自控。当然，你也可以举例说某某某做到了。但你不是某某某，且不管他是否真的做到，你作为神经症患者或者高度敏感的人，无法做到百分之百的自控，这是被现实所验证的。在这种情况下，你如何实现自己的情绪管理和身体管理？综合判断自己之前的行为模式，你会发现自己几乎无法阻止焦虑情绪的升起，越是想控制，焦虑就会越强烈，因为你给它注入了大量的能量。那么，你可以问自己，**焦虑升起是否意味着情绪管理失败？**请记住，这是一个极其重要的问题，因为大量的实践证明，越是焦虑的人对自己的管理标准就越高，正如一个戒烟长达一年的人，如果某天不小心吸了一支，他就会认定自己戒烟失败。几乎无一例外，神经症患者的自控标准高于常人。但事实是，**只要你脑袋当中还存在“要去除焦虑”这一想法，焦虑就不可能去除**。通过学习和思维训练，你就不会仅仅停留在感受上，所有的情绪管理就会集中在“如何和情绪共处”，而不是“如何消除情绪”。几千年前，东方思想者虽然提出“无我”的概念，但他们还是照常吃饭，照常用肉身和人交流，他们只是告诉我们，关于“我”所产生的所有感受，只是一种幻象，你所谓的痛苦、孤独以及悲伤，分文不值。生命的喜悦原本属于每一个人，但固化思维造就的无知的习气阻碍了人们。获得喜悦的唯一办法就是学习，不是学习某种知识和技艺，而是学习如何看待这个世界和自己。

质疑、反省、学习和思考并不是界限严格、程序分明的四个思辨阶段，事实上，整个思辨过程本身就是一种学习，而学习和思考也是一体的。只是因为它们的侧重点不太一样，所以姑且这么分，并不牵涉概念问题。比如质疑侧重于外界的现象，而反省则侧重于内在对外界现象的反应，学习侧重于对外界知识的吸收，而思考则是将知识内化，对知识进行有效的筛选。思辨能力决定了我们能否进行自救，决定了我们能否摆脱固化思维以及改变自己的认知。这些是我们行动的前提,否则,行动只是一种盲目的挣扎而已。我把这个过程形容成“换脑”，它不需要我们放弃一切，只要做到一点：**从今天开始，我们质疑以前所有的想法，放弃旧有的思维，在忍受负面情绪中做好自己该做的事**。我们之所以成为神经症患者，不是因为某个时代，不是因为某个家庭，更不是因为某份工作，而是因为我们不知道如何训练自己的思维。

其实，所有的思维训练只是我们调整认知的准备而已，哪怕我们意识到了固化思维的存在，知道了固化思维是由身份认知和道德感等组成，知道它以二元论和儿童模式的方式运作，知道了学习和思考的重要性，还不能真正决定我们能够成为怎样的人。能够决定一切的只有行动。

# 9 行动方式

## 唯有认真行动才能改变自己

安东尼奥 · 达马西奥

剩下的就是练习、练习、练习，直到练成一种“本能”，

这样你才能进入卡耐基音乐厅。

和焦虑、抑郁情绪相处过程中，或者说在调整思维认知过程中，我最大的感悟是：我们似乎误解了“认真”两个字的意义。在最需要休息放松的时候，我们逼迫自己加紧脚步，仿佛这辈子有必须完成的指标。我们把这个当作认真。在最需要照顾自己的时候，我们逼迫自己连续奋战，仿佛不这样就达不到自己的期待。我们把这个当作认真。

我并不反对一个人努力工作，哪怕他凌晨四点起床，哪怕他一心一意投入事业中已经达到废寝忘食的地步（那恰恰是自我释放的体现）。不，我们应该为他鼓掌才对。但是，早上睡懒觉也是允许的，艰难地做着自己不喜欢的工作，也是允许的。我们和那些所谓的努力的人没有高下低劣之分，那只是二元论的可笑分法。最不能允许的是，一个睡到自然醒的人却为自己不能参加晨练而愧疚，一个厌恶工作的人却为自己得不到相应的认可而焦虑。生活的多元化意味着价值的多元化，意味着锻炼身体和睡到自然醒的指向都可以是一种生命的多元化体验，意味着从事自己不喜欢的工作在这个世界具有普遍的意义，绝不是某个成功人士的演讲所能改变。没有任何的参照和比对，更不存在某个绝对的标准，只要你的思维达到应有的广度，生活方式本身都是被允许的，你所谓的懦弱、无能也是被允许的。你只要知晓并且包容这一点就可以避免内心的冲突。

从这个角度讲，神经症患者需要的最大程度的认真在于他能否认真休息，能否停下脚步观察自我，能否得到真正意义上的放松与自我和解。没有内心的冲突，就不存在神经症。从小到大，不断有人教我们要认真学习、认真工作、认真生活，生活对我们来说就是一个战场，却从来没人教我们如何认真休息。休息的意义是什么？用现在比较流行的话来说，休息能够让灵魂跟得上身体的脚步。它不是玩乐，更不是放纵，而是让身心趋于和谐的过程。

从心理发展规律来说，人在生活过程中定然会有负面情绪的积累，内心矛盾会在一个时期内以“无意识”的方式呈现，对神经症患者而言更是如此。这就像衣服穿久了会脏一样，是一个极其自然的过程。而休息就相当于对内心进行一次大扫除，奇怪的是，每个人都知道要收拾房屋，却少有人知道要定期整理自己。相反，越是浮躁，我们就越害怕无事可干，非得通过娱乐、聚会和消遣去打发时间，试图把这些矛盾放在一边，美其名曰：休息。那就相当于把一件脏衣服脱下来暂时放到一边，告诉自己这件脏衣服不存在。但不久后，我们其实还得将这脏衣服穿回去，没有解决任何问题。

**认真休息是抑郁症和焦虑症患者最重要的行动。**正因为我们前期通过质疑、体验、思考，已经对固化思维的存在有了基本的认知，才会采取行动，而行动的前提就是好好休息。我们暂时放下手头的工作和杂务，选一段时间用以独处。独处不意味着你必须要一个人待着，只是说你可以暂时不需要强迫自己和别人交流。我的习惯是用整理自我的方式让内心得到休息。抽空坐在一家咖啡店里，拿出纸和笔，写出最近一段时间自己碰到的所有问题，事无巨细，不需要注意表达方式，哪怕有任何极端的感受也将它写上去，不用考虑这种感受是不是正确。如果可以，尝试将这些问题条理化，列出要点。比如针对某种愤懑的情绪，我会写上一句：**我要让全世界的人都认为我做的是对的，我要确保自己的优越感**。我要做的就是把固化思维从阴暗的角落里揪出来，用最平实的语言赤裸裸地表达它。一旦它现出原形，就失去了力量。当每个人面对“我要让全世界的人都认为我做的是对的，我要确保自己的优越感”这样的话时，一定会忍俊不禁吧？但我们的确就是被它们束缚而一直不肯面对。

神经症患者在任何人面前，哪怕在心理咨询师面前也会否认固化思维的存在，如同一个肥胖的人被别人当面指出自己超重一样，多半会抵触。但面对自我时，他承认一个既定存在的事实并不会带来心理上的负担，**所以，通过对自己讲实话进行内心的整理，是自我整理的重要方式**。你讨厌什么，你悲伤什么，你烦恼什么，你想要获得什么，你被什么压力折磨得喘不过气来，这些都能够在你的笔下表现出来。最后，将所有带有感情色彩的评论从其中删去，只留下事实。

但这仅是第一步。**接下来，你需要正确地评价自己**，说得更透一些，你应该“表扬”自己的努力。尽管神经症患者具有“自恋”情绪，但不意味着我们会自我肯定。似乎所有的神经症患者对待自己都有一种“恨铁不成钢”的态度，他的“自恋”仅仅停留在感受上，停留在对未来的期许上，这种感受让他拒绝回望过去，同时他也没有意识到自己一直以来付出的努力，原因很简单，因为这种努力并没有满足他的优越感。他是一个以结果论英雄的人。所以当你开始整理自我时，肯定自己的付出是第二步要做的。这是我这个“理论”的核心，它没有任何噱头，只有四个字：珍爱自己。这个自己真正地存在于当下，他被各种焦虑和抑郁的情绪折磨得无路可逃，却依然活到了今天。他被各种道德感束缚，企图通过压抑自己实现保护自己的目的，这需要多么大的能量，需要多么强的意志力？不肯定这样的自我意味着你不尊重事实，意味着你仍然被固化思维束缚。肯定自我必须发自内心而不是一种观念上的强迫，如果你做不到，说明你依然被固化思维束缚，那就再次观察自己思维中存在的身份认知和道德感，你不需要否认自己的缺点和弱点，而是意识到“拥有缺点和弱点才是人生的常态”这个事实。

**第三步，正确地描述未来。**我说过，神经症患者喜欢预设一个虚拟的未来，在那个美好的未来当中有一个近乎完美的自己，他做着一份自己喜欢的工作，周围没有和他对着干的领导和同事，他拥有精神和物质上的自由，压力什么的根本不存在。这个未来之所以虚拟，是因为它是为了满足神经症患者的优越感而生的。一旦遇见挫折和打击，他就会用这个未来去观照当下，悲叹于这种未来的不可实现，悲叹于自己的无能，悲叹于环境的冷酷。你必须给自己一个真实的看得见的未来，在这个未来当中，焦虑和抑郁还会继续存在，它们甚至会跟随你一辈子，你也许还会从事自己不喜欢的工作，还会遇见许多和自己三观不一样的人，还会失败，说不定你根本遇不上自己爱的人，也不见得会有人来爱你。如果现在的你认为自己足够凄惨，那么这种凄惨的程度在未来不会改变的概率定然不低。在这个未来当中，外部的因素不会产生任何本质的变化，能够变化的只有你自己。也许这个观点听来是如此沉重，但它却是神经症患者必须面对的核心问题：**如果未来的一切都不会改变，你怎么办？**面对这个问题，你也许会感到胸闷、呼吸短促，恐惧和焦虑像电流一样在你身上穿梭。但你不能后退，你只能面对和思考。如果所有的未来都指向你必须通过艰辛的奋斗才能在某天展露微笑，那它就是谎言！未来的指向如果不能让现在的你露出微笑，它就是虚无的！如果未来不能改变，你在当下如何微笑？你必须切断关于未来的不切实际的幻想！在这里，我可以呈上属于自己的答案：

> 从事自己不喜欢的工作，遇见自己不喜欢的人，这辈子都得不到别人的认可，这才是正常的！在这个苦难的世界里，在这个靠身份认同和物欲价值支撑的社会观念中，无法消除焦虑和抑郁也是正常的。这世界从来没有独属于我的苦难，所以我永远不会抹杀自己的努力，因为我比任何时候都了解自己，我比任何时候都明白，过去的焦虑造就了现在的自己，过去的努力也同样造就了现在的自己。未来我能做的事情很简单，在上天赐给我的唯一一次生命体验中，努力提升自己的心智，努力探索自己的内心，努力地表达，如果有余力，我还会努力地帮助那些和我处境相同的人。如果焦虑升起，我就在焦虑升起中去做，如果别人不认可我，我就在不认可的环境中去做。感受本身毫无价值，只要去做就可以，行动就是我未来的全部意义，也是我当下的全部意义。

**不管现在和未来的环境如何恶劣，不管我内在的状态如何糟糕，去做就可以了。**这句话能够让我在任何时候得到安慰。但它只是属于我的体验，并不代表其他人。每个人或许都有自己的答案，只要这个答案不需要凭借外物就能让我们行动，它就是可操作的。一旦你明确了自己的行动，就会发现焦虑的意义。以我为例，如果没有焦虑我就不会去关注内心，不关注内心我就不会去学习心理学，不学习我就无法客观地认知这个世界，没有学会认知这个世界，我就无法在焦虑中看清自己要走的道路，更无法写出这本书。换言之，我们都活在自己的故事里，你创造怎样的故事意味着你拥有怎样的思维。我们认知的世界并非客观存在，而是一种以意义为前提的解读方式。这会让我们从另一个维度去思考唯心和唯物之间的关系。对我而言，焦虑的意义正在于此：它能让你痛不欲生，也能让你心智成熟。选择权在你手上。

•

当然，认真休息并不仅仅是自我整理。在不具备基本思辨能力的情况下整理自己，这种整理最终不过是“明天我一定要继续加油，我绝不屈服，我相信自己一定不会失败”之类的空话。请你记住，仅仅通过独处，把自己的烦恼和痛苦全部表达出来，抛弃任何评价，好好珍爱这个被烦恼和痛苦淹没的自己，是最基本的休息方式。

在这里我想简单地区分一下，我所谓的自我整理和认知心理学（CBT）的不同。认知心理学也要求人们能够通过整理事件的反应来改变认知，其主要分为事件、情绪反应、生理反应、你对事项的理解、你的认知这五个部分。比如你和伴侣吵了一架，这就是事件，后面的四个部分全部围绕这个事件去解读，情绪反应就是愤怒、焦虑和悲伤，生理反应就是呼吸急促、血压上升，你对事项的理解无非是你认为你们之间发生了矛盾，而你的认知则内容不一，有可能是你缺乏自控力，也有可能是你发现自己想去控制别人。这个方法试图通过理性分析的方式消解你的情绪，从而改变你的认知。但是，它具有极大的局限性：**首先，**情绪的产生速度非常快，你很难去捕捉，即使你能够捕捉到，将它记录下来，它也只是一个单一事件，没有任何参考意义。比如由吵架产生的焦虑其实不一定是焦虑症的表现，但我们很难从单一事件中去界定。**其次，**焦虑症患者并不一定通过某个具体的事项引起负面情绪，且一天当中情绪起伏的次数极多，如果你一一整理，很快就会疲惫不堪。**再次，**认知疗法并没有深入固化思维的核心，所谓认知，不过是找出事件后对自我的评价，但这种评价只是固化思维的表面现象。比如你认为自己无能，其实核心原因在于固化思维中的身份认同，但你难以进行固化思维的投射，因为认知心理学虽然重视思维，但没有理清楚思维和环境之间的关系，也没有找出固化思维在其中发挥的作用。因此，记录事件很可能会变成在伤口上撒盐，再次引起焦虑。**最后，**也是最重要的一项，就是认知心理学完全否定了焦虑的意义，它忘了焦虑是由暗示引起而不是环境事件本身引起的。而我所讲的自我整理最终落脚点在行动，它不需要某个具体的事件，就能够将负面情绪和自己的固化思想进行对应。还是用你和伴侣吵架的例子，吵完架后你也许就得去上班，没有时间拿出纸和笔去记录自己的情绪和生理反应，你只需要检视一下吵架和你的固化思维有没有关系，你有没有因为控制不了伴侣的行为（比如乱扔袜子）而恼羞成怒，同时有没有因为吵架而陷入愧疚和自责的情绪当中。**更重要的是，你当下能采取什么样的行为**。你要反思的不是吵架这一行为产生了什么情绪，而是认识到夫妻吵架这一行为虽然令人不舒服，但它本身就是正常的，至于情绪和生理反应，随他去吧。即使你天天和伴侣吵架，那也只能说明你们的交流方式有问题，而不是你的情绪和认知有问题。我们需要的不是对某一事件进行扩散和辐射，而是对自己的感受进行**不带评价**的整理。如果你能意识到吵架会令人不舒服，但这种不舒服实属正常，吵架了面带微笑才是不正常的，你就没有神经症。

•

除了定期整理自己的状态，注意身体休息对神经症患者来说也非常重要。即使一个精力旺盛的人，在缺少睡眠的情况下也会变得意志力薄弱，脾气暴躁，何况是原本神经就非常脆弱的我们？但据我观察，偏偏是这个群体最不会照顾自己，当我们把大量的精力用以对抗内心冲突时，就很难再有自控力去约束自己的日常行为，睡觉拖延成为神经症患者的普遍性问题。生理和精神状态息息相关，当我们得不到充分休息时，激素紊乱致使体内生态难以协调，在外部压力源的刺激下，这种协调折射出的信号也是焦虑和抑郁，所以神经症患者往往看上去萎靡不振。事实上，这不是某些“高大上”的人生问题导致的，甚至也不是固化思维导致的，**仅仅是我们缺乏睡眠而已**。所以，如果条件允许，好好睡觉应该是我们“认真休息”的重要内容。

但是，神经症患者不仅会拖延睡眠时间，还会被失眠困扰，如何解决失眠问题成为我们面临的一大难题。就我个人的经验，失眠无非是因为神经亢奋，所以脑中杂念极其多。很多人以为头脑当中盘旋着白天的念头，比如工作，是因为心里放不下。事实上我们根本不存在所谓的“心”，一切不过是交感神经刺激的结果。理查德·蒙迪思和里克·汉森在合著的《冥想5分钟，等于熟睡一小时》中，详细地叙述了焦虑产生的生理过程：当交感神经/下丘脑—垂体—性腺轴系统被反复激活时，会导致你的杏仁核对威胁更敏感，这反过来又会增加交感神经/下丘脑—垂体—性腺轴系统的活性，从而形成恶性循环。……另外，杏仁核会帮助形成内隐记忆，即在潜意识中形成过去的记忆，当杏仁核变得更加敏感时，就会把恐惧因素直接加入这些内隐记忆当中……也就是无视外界条件持续保持焦虑状态的焦虑症。同时，交感神经／下丘脑—垂体—性腺轴系统被频繁激活，会磨损海马体，而海马体对构建外显记忆至关重要，所谓外显记忆就是对过去真实发生过的事件的清晰记录。不但如此，海马体是人类大脑中少数几个能形成新神经元的区域，而糖皮质激素则会阻止海马体内新神经元的产生，从而削弱其产生新记忆的能力。……这种感觉有点像："有什么事发生了，我不清楚是什么，但我真的心慌意乱。"……

其实我们不需要搞清楚焦虑生理机制产生的过程，只要清楚一点：焦虑作为一种情绪，是由我们的身体产生的，而绝非什么精神或内心（那至多只是一个诱因）。当我们躺在床上时，体内正热火朝天地把过去的记忆（尤其是痛苦和恐惧的记忆）翻出来一遍一遍地回味，当下的记忆无法刻录进去，严重时你会感觉到身体已经不属于自己了，任何抵抗都没有效果。这就是失眠。但反过来想，只要让神经松弛下来，睡眠问题也就迎刃而解了。传统的所谓"数绵羊"也是通过转移注意力，让神经得到休息的手段而已。但对我们来说，这种方法并不能立刻奏效，我个人就经历过数绵羊数到几千头仍然睡不着的情况。在这里我介绍三种入睡方法：

**一是身体扫描法**。从脚指头开始，和身体的每一部分对话。所谓对话，没有那么神奇的功效，无非是把意念调到可控的范围。你可以先把注意力集中在你的脚指头上，然后在脑中对它说：现在，脚指头已经睡去，沉沉地睡去。随后再把注意力集中在脚背，依次往上，一直到头部。这个方法几乎百试百灵，有时根本不需要到头部，身体就已经变得昏昏欲睡。许多灵修门派把这个方法带入了玄学领域，但其实它只是通过自我暗示调整神经的方法而已。这个方法唯一的缺点就是耗时较长，一轮下来，估计要半个小时到一个小时的时间。

**二是意象冥想法**。在头脑当中设想一个相对平和的场景，这个场景中有一个人，那个人可以是虚拟的，也可以是真实的，甚至可以是另一个自己。一行禅师曾经说过，可以观想一颗石子掉入水中的情景，我认为这也极为符合意志冥想的范畴。有一段时间，我还曾想象自己坐在一个巨大的湖边，随后跳入湖中，潜入湖底，我发现湖底端坐着一个人，那是另外一个自己（事实上本人根本不会游泳）。这种想象的好处同样是能够集中注意力，把所有神经的刺激进行聚焦。它的缺点是并不适合不擅长图像类想象的人。

**三是睡眠呼吸法**。又称三段式呼吸法，先吸一口气，再停顿 2 至 3 秒，将气呼出。同时，将注意力停留在鼻尖或丹田。这种方法的优点是极具操作性，适用于任何人。缺点是它比较枯燥，在呼吸过程中，注意力很容易分散，不知不觉又会被脑袋当中的杂念带走。不过，没关系，你只要将其收回来重新调整呼吸就好。

当然，入睡的方式有很多种，但不管如何，我们发现它们的本质是一样的，那就是通过集中注意力缓和神经的刺激。**我们发现，休息的方式不仅不是不自控，反而是要变得更加专注，注意力更加集中，身体才能够得到放松**。不集中注意力的放松根本就不是休息，那只是你想要去玩乐的借口而已。显然，这个过程不可能让人感觉舒服，你能想象一个人每天晚上睡觉都要这样煞有介事地做一番抗争吗？所以如果不是第二天有紧急的事情，失眠本身也不是非常可怕的事情，不过你得明确一点：失眠绝不是心理上的问题，它仅仅是生理机制难以协调。

**集中注意力对神经症患者是一个极大的考验，但它的确是认真休息的全部要义，是应对焦虑、抑郁和恐惧的不二法门。**尽管目前心理学流派创造出各种治疗方法，但没有行动就没有一切。而行动的前提就是集中注意力，好好做事。休息就是最重要的事。

•

行动决定论是我在和神经症相处过程中的重要感悟。尽管观察、体验和思考的准备工作非常漫长，并且始终贯穿我们的日常行为，但行动才是最终的落脚点。同时，行动还有另外一大优点——**它能强行突破固化思维造成的束缚**。固化思维是以“感受”的形式呈现的，“感受”意味着情绪，也就是说，痛苦、悲伤、焦虑，这些是“感受”层面的东西。尽管人都是有感受的，但基于身份认同和道德感的影响，神经症患者尤为注重感受，情绪甚至决定了我们行为的方向。哪怕我们十分在意别人的评价，并以别人的评价来调整自己的行为，其行为的核心也是想要塑造“优越感”，这也是感受的一种。

为什么对神经症患者来说，感受会如此重要？因为我们的生命体验缺乏两大支撑：一是客观的自我评价，二是采取的明确行为。越是期待“优越感”，这两大支撑的缺乏就越明显。我们之所以追求别人认可且极力包装自己的外在形象，本质上是源于自卑，得不到自己的认可，也不知道该如何去完善自己。从这个层面上来说，除了认真休息，认真做事也是神经症患者需要学习的。当我们坚信自己的行为方向是正确的，并且在实施过程中全然不理会情绪和感受的时候，就已经向固化思维发出挑战。这样的行为一旦成为习惯，其力量是无穷无尽的，我们会从内部一点一点改变自己，我们不再以结果论成败，而是用行为本身衡量自己。焦虑也罢，抑郁也罢，**只管去做，**这就是行动决定论的全部要义。

**我这里指的认真做事并非必须要认真工作，而是你应该去寻找能够创造自身价值、能够得以完善自我的事情，并且认真去做。**事实上，许多神经症患者具有强迫倾向，比如我，哪怕再厌恶的工作，也必须要做到符合自己的标准才行，其结果是把自己弄得痛苦不堪，也感受不到任何价值。但是，人在自控力有限的情况下，必须聚焦某一行动，而不是面面俱到。对神经症患者来说，不管你采取何种行动，其核心点都应该围绕“提升心智”进行，倒不是因为患上神经症是因为心智不成熟（巨婴是普遍的现象），而是心智成熟是一种极为丰富的生命体验，你唯有如此才能完善自我，不然你就浪费了“神经症”这样的契机。焦虑、抑郁不过是一种强烈的信号，它们不断地呼喊着“你要正视自己，你要珍爱自己，你要完善自己”。所以你应该记住，**要治愈神经症，促进心智成熟并且懂得和自我相处，这是一条必走之路，**这和你所谓的梦想，比如找一份好工作或一个好对象之类的，关系虽然不大，但却是一个极为关键的前提。

很少有人能够幸运地从事自己喜欢的事业，甚至很少有人喜欢自己所处的环境。如果有，那么这个人也就不会再有神经症的迹象，因为他不会存在内心的冲突。但从另一个角度讲，一旦某个人将自己的喜好当成事业，也许喜好本身会慢慢被冲淡。当我们羡慕某种情境时，其实是缺少那种情境的体验，而不是那种情境本身具备某种优越性。所以，“二八”原则对神经症患者来说具有重要的意义，每天用 20% 的时间去创造自己的价值，去完善自我，会让你的生命发生极大的改变。但我们又回到了老问题，我们已经用了极大的能量去对付焦虑和抑郁，如何还有精力去做其他事情？如果定下目标完不成，是不是反而会增加焦虑和抑郁？这个问题困扰了我很久，但最终我能给自己的答案是：**在行为上欺骗你的大脑。**

•

如果心理发展有自身的规律，你就可以创造类似的技巧去达成自己的目的。虽然我们至今并不了解意识在大脑中产生的过程，但大脑作为我们身体的器官之一，绝不是没有弱点。固化思维之所以会严重地影响我们，也是因为大脑缺乏对外界暗示的思辨能力，暗示作用不是针对某一群体，它几乎是一种普遍的现象。你时刻在接受清醒催眠，通过你的父母、你的单位、你走在路上看到的广告。你所看的、所听的，都在潜移默化中暗示你。**既然环境可以利用大脑的这个弱点，我们自己为什么不能？**

所以，不能实施某一行为很可能不是你的意志力不够，也许是你缺乏应对大脑的技巧。这是我本人的亲身体会。如果是以前，在患上中度焦虑症的情况下要坚持繁忙的工作，同时照顾家庭，还要写完一本书，于我来说是不可能的。我并不是没有尝试过，最终把自己弄得疲惫不堪，除了焦虑剧增，没得到任何成果。而且，我还绝望地想到，即使我能写出一本书，别人也不见得会去阅读，出版社也不见得能看得上眼。退一万步说，就算出版了，敢保证销量就能好吗？我能通过写书改变自己的人生吗？我可能一辈子都是在瞎折腾。这样一想，热情完全没有了。

但现在，我不仅每天坚持写作，还坚持学习日语和英语，每天行走一万步，同时坚持阅读心理学方面的书籍，还保证自己有时间用以思考或冥想。即使不算优秀，也算是勤奋了。但也许会让读者失望，因为在写这本书的时候，我的焦虑症并没有完全消失，我的环境也基本没有发生改变。如果说我在哪个方面改变最大，首先是对自己的评价，其次是自己的行为。**我是真实地在做这些事情，并且为自己的行为感到无比骄傲，**但坦诚地讲，我完全没有感觉到自己是个有毅力的人。我甚至觉得毅力兴许是缺乏行动后产生的臆想：越是缺乏行动力的人越强调毅力的重要，因为这会成为他们逃避的借口。

那么，我为什么会发生这样的变化？理由其实非常简单，我欺骗了自己的大脑，并且利用了自己的强迫症。心理学上有一种说法，叫作“飞轮效应”。百度是这样说的：飞轮效应是指为了使静止的飞轮转动起来，一开始你必须使很大的力气，一圈一圈反复地推，每转一圈都很费力，但是每一圈的努力都不会白费，飞轮会转动得越来越快。当达到一个很高的速度后飞轮具有的动量和动能就会很大，使其短时间内停下来所需的外力便会很大，便能够克服较大的阻力维持原有运动。

也就是说，培养一个行为习惯在刚开始的时候是最难的。但通过“欺骗大脑”，这个难度可以降低很多。**我们应该像小学生一样，承认自己懵懂无知，然后通过技巧培养自己的行为习惯。**大部分人在培养习惯的时候，或者说在下定决心行动的时候，喜欢将自己的目标定得很高，过于不符合实际。哪怕是那些励志书，也会教导我们说，定目标的时候要具体，确保自己能够做到。所以，目标定得过低和过高都不行。不过，这种说法恰恰证明他们并不懂得脑神经学。培养习惯的一个要点在于，**你不能让大脑因为这些习惯产生恐惧和退缩。**

固化思维之所以如此可怕，是因为它本身就是一种系统性习惯。它不仅框定了你的思维，同时也框定了你的行为。它最害怕的事就是改变，它存在恒定的心理机制，**就是要把任何事都拉回现状，这样你才能产生安全感**。大脑优先选择的是保守而非冒险，哪怕这种保守会让你保持焦虑，它也不会在乎。或者说大脑本身已经习惯了你的焦虑。如果你心血来潮制订了某些计划，刚开始实施时也许会在冲劲的刺激下逐步完成，但你会发现反对的力量越来越强，直到最后完全将你拉回从前的状态。许多人就是在这个大脑运行机制中受到挫败。要成功地绕过这个心理机制几乎是不可能的，也就是说，无论你定下怎样的目标，一旦实施，就必须面对旧有思维反弹的局面，除非你的目标没有让大脑产生恐惧。要做到这点，我们就必须用“微习惯”的思维去培养自己的行为。

•

微习惯其实是一个非常简单的概念，甚至很难称得上是一种概念。比如你每天想要坚持做俯卧撑，许多人至少要完成 10 个才算合格。原因很简单，个位数的俯卧撑能锻炼什么身体呢？但微习惯的思维并非如此，它会鼓励你每天做 1 个以上的俯卧撑。你可能会对此嗤之以鼻，但仔细一想，连你都嗤之以鼻，你的大脑自然不会在意这种小事了。因为它会做出判断，1 个俯卧撑对现状不会产生任何威胁，所以“飞轮效应”在这里不管用了。那么，你现在开始行动，你做了 1 个俯卧撑，然后你发现与其站起来，再做一个也没有什么关系，你甚至做了 5 个，或者更多。当你站起来的时候，你感觉到了什么？你发现自己超越了目标，因为目标太简单了。退一万步讲，你真的只做了 1 个俯卧撑就站了起来，大脑也会做出你完成目标的判断。这样一来，你就不会再有挫败感，以及由挫败感产生的自责和焦虑。焦虑的心理路径被你打破了，你欺骗了大脑。

千万不要小看微习惯，它会由涓涓细流慢慢积累成河。我每天只看 10 页书，花 5 分钟左右时间去冥想，写作也会要求自己写到 1000 字就停手。拿写作为例，我发现自己写到 1000 字时，哪怕状态再差，也会刹不住车。这本书就是在这种情况下写完的。比如每天行走 1 万步，我到后期如果没有走完，再迟也会想办法去溜个一圈。是意志力很强大？不，只不过是我身上的强迫症发挥了正面的作用而已。

微习惯并非我的原创，美国作家斯蒂芬·盖斯就写过一本名为《微习惯：简单到不可能失败的自我管理法则》的书，书中详细地讲述了我们如何利用大脑和神经科学去培养习惯。那些总是责怪自己缺乏意志力的人可以好好阅读这本书，走出“培养习惯难等于意志力差”的思维怪圈。

•

**思维是可以训练的，**这对神经症患者来说是一个极大的好消息。改变对这个世界以及对自己的认知尽管非常重要，但不会像认知心理学所说的那样能立即为你带来翻天覆地的变化，事实上极有可能让你成为一个眼高手低的人，因为大部分人行动的依据是习惯而非理性。不然，我们就太小看固化思维所养成的根深蒂固的行为习惯了。认知本身是一个艰难的过程，绝非“知晓某个道理，认同某个观点”那么简单。哪怕你读的某本书让你的内心有了翻天覆地的变化，书里的每个观点都让你产生了极大的共鸣，但离你真正改变还有着一段极为遥远的距离。你必须持之以恒地进行训练，除非你将思辨能力和行为训练成身体的本能，否则固化思维就会一直阻挠你，直至将你变回旧有的自己。

就我个人经验而言，更认为不是认知的变化产生了行为的变化，**反而是行为的变化促进了认知的改变**。在这个过程中，实施富有技巧的心理和行为训练极为重要。一方面，它能让你新产生的认知日渐完善，甚至成为一种思维体系，心理学称之为元认知；另一方面能够通过行动让你设法突破固化思维带来的旧有行为模式，只有两方面相结合，才是真正的思维训练。心理策略本身并不难，也不是心理学家的专有策略，它只是基于现状调整的最基础的模式。我的心理策略非常简单，最核心的一点是：只要我完成了自己既定的任务（比如写完了1000 字），**对自己就不再有任何要求**。要焦虑就焦虑，要拖延就拖延，把自己的事务处理得一团糟也不是大问题，和伴侣吵了一架也不过是一种日常体验，因为我已经完成了最重要的事项。说白了，我觉得自己的能力也不过如此了，让那些必须高人一等的优越感都见鬼去吧！

奇怪的是，每当焦虑升起时，我只要想到自己已经完成了相关的任务，焦虑本身反而会缓和下来。随着 1000 字慢慢积累成 1 万字（不过是两周不到的时间而已），1 万字积累成 10 万字，成果就慢慢显现出来了。不到一年的时间，我不仅写完了这本书，还写完了一部长篇小说。这对以前的我来说简直是不可能完成的任务。

思维训练不是头脑当中发生的无声无息的过程，而是切实的行动，看得见，摸得着。行为必须比思维要早走一步，**必须是以“心智提升”为向导，而非以“感受”为依据**。你的情绪和行为必须暂时分开，你要意识到，不管你的感受如何糟糕，做好“微习惯”既定的事项就是你的胜利。而要做到这点，你要明确自己的行为是以“完善自我”为方向的，但是，做一个完美的人，绝不可以成为你的目标。**“心智提升”的最终方向，就是让你接受自己身为人并不完美的事实！**

你要做一个过程论者而非结果论者，因为人生根本没有所谓的结果，结果无非是像作家周作人所说，我们只是一步一步向死亡走去。那么，除了体验当下（即人生中的某个过程），你什么也带不走。**你不是想要某个结果，你想要的无非是获得结果后的体验而已。**你并不是想要赚 1 亿，而是你想要去感受赚 1 亿以后的感觉，你并不是真的想要获得别人的认可，而是你需要获得被认可的感受。但如果我们正视现实，你会发现所有的感受其实都是当下产生的，你却受到了大脑的欺骗，误以为必须获得某个成果才能感到轻松和快乐。你的这种误会也是在当下产生的。如果你作为读者一直受焦虑和抑郁的困扰，请务必重读以上这段话，不管你能不能实现某个所谓的目标，它都只能作为感受而非结果呈现，你能拥有的只是动态的过程而非固定的结果，“定下某个目标，实现它，一切就能迎刃而解”，这是我们人类最大的谎言。没有一个所谓的未来等待着你去摘取和消费，未来不过是你现在的延伸，它解决不了你当下的问题，也不可能替你的情绪与感受埋单。

对于那些习惯用结果去衡量人生的人，告诉他人生不可能有什么结果，会引起他的恐慌甚至愤怒，固化思维会竭尽全力去反驳这一事实，哪怕他已经被现实折磨得痛苦不堪。因为一旦没有结果，他会觉得自己的人生完全失去了意义，而神经症患者是无法在没有意义的情况下去做一件事的。事实上，所有的意义都是在过程中产生的，它仅仅是一种体验。你可以不写作，可以不结婚，但你不能不体验。要体验生命，只能靠切切实实的行动，而这一切只能发生在当下，而非虚无的未来。爱迪生把发明当成体验生命的方式，所以只有那些以结果论英雄的人才会去佩服他经历过那么多次失败依然“执着”地追求；居里夫人之所以把奖章当成孩子的玩具，不是因为她淡泊名利，而是与研究过程中产生的生命体验相比，奖章实在是不值一提。他们都是知道自己行动方向的人。对我来说，写作也是极棒的生命体验，与沉溺在思维和想象中的乐趣相比，销量什么的完全不值得去考虑。即使你觉得自己一无所长，**如果把改变自我的过程当成一种人生的体验，**不是也很棒吗？哪怕你今天只是停下脚步望了天空一眼，也和过去的你不同了；哪怕你今天只是深呼吸了五下，也和过去的你不同了；只要每天有那么一点儿时间把自己当成这个世界的生命体去体验，哪怕剩下的时间全部在焦虑中度过，也和过去的你不同了。

•

事实上，你一直在行动，也一直在体验。没有行动也是一种行动，逃避现实、不敢直面自己，也是一种行动。同时，你也一直在承受这些行动带来的生命体验，焦虑、抑郁、恐惧，谁能说它们不是一种体验的形式？既然要用思辨的思维去代替固化思维，我们就应该改变自己的行为模式。**训练思维、改变行为，这个过程本身就能够成为你生命体验的一部分，而不是通过训练思维、改变行为去达成某个目的。**如果你的思维还不适应“过程论”，非得捡出一个目的来，那么，通过训练思维让你改变对自己的认知，让你更加珍爱这个不完美的自己，或许就是你的目的。而这个目的不需要你花上几年的时间，通过训练，你当下就能意识到这一点。这些训练以及训练中产生的体验，和爱迪生发明电灯、居里夫人发现镭、达·芬奇画出《蒙娜丽莎的微笑》具有等同的意义。

在这个基础上，我介绍一下思维训练的几种方式：

1. **正念冥想**。市面上介绍正念的书非常多，但正念和冥想真的有这么神奇吗？它们有多大的效果？我听到的最夸张的数据，就是全球百位名人榜中，有 80% 的人都有正念冥想的习惯（你瞧，又和钱挂钩了）。这会让我们产生一种错觉，以为正念是一种类似于法宝的东西，通过正念就能改变自己。事实上，要让正念和冥想发挥效果是有前提的，即你已经知道了行动的重要性，已经明确了自己行为的方式方法。一个处在迷惘中的人，一个不知道人生的道路在何方的人，即使你每天花几个小时的时间去冥想，也不可能改变你的人生。它甚至还会成为你逃避人生的一种手段。许多人一谈到正念就会举乔布斯的例子，但却忽视了乔布斯在正念之前已经是一个明确了“自己要做什么”的人（而且正念也没有改变他的偏执）。《人类简史》的作者尤瓦尔·赫拉利也承认自己在写作过程中受到了正念的帮助。同样，并不是正念让他写出了这些作品，而是因为要写这些作品，所以他才去正念。也就是说，正念只不过是促进行动力的一种辅助。不过，也不要小瞧这种辅助的作用，**它通过专注地呼吸以及观想内心，能够让你摆脱固化思维的影响，还能让你专注于培养思辨能力**。不管是元认知还是某些书所讲的成长性思维，其本质就是思辨能力，需要你专注下来才能产生。观呼吸法我已经介绍过，其实在正念冥想中还有“内观”的做法，是思维训练的最佳方式。所谓内观，就是观察自己内心各种情绪和想法的流动，观察杂念的升起与消亡，在观察中体验那些以“我”为名的欲望和思维是如何控制自己的，并在内观中勘破自己行为的真正方向。你在观察中要作为第三方，秉承客观的态度，不对内心各种想法、杂念和欲望做出评价，这很重要，因为一旦你评价，观察的过程就会被破坏，“只要知道他们存在”，就能达到内观的目的。我们在冥想中突然跳出一个想法（比如明天要开什么会），就不是“活在当下”，虽然这个念头是当下跳出来的，**但它并没有服务于当下。**你可以通过调整呼吸，重新回到当下，即回到正在冥想这个事实上来。当我们初次进行内观时，会被内心的想法惊吓，杂念如同群魔乱舞，占据你的心智。越焦虑，这种迹象就越明显。所以如果不把内观作为一种观察手段，而是企图达到平衡、平静甚至消除焦虑的目的，你可能会步履维艰。

为什么我们说内观是一种思维训练？因为它还存在另一种更高层次的境界，即**在内观中再次明确自己是个生命体的事实。**在内观中消除各种身份标签，作为一个生命体去思考，你会发现自己身上藏着以优越感为名的傲慢，以自卑感为名的焦虑，以安全感为名的恐惧，而这一切全都不是生命体本身带来的，是固化思维中的身份认同和道德感导致。通过内观，你可以洞见这个事实：**我们本身不过是个生命体，我们除了物质意义的生存，在精神层面上只能拥有生命的体验。**如果这种观照会让你的内心感到“失重”甚至慌乱，那么你再调整呼吸，观察这种“失重”和慌乱是怎样产生的，因为它们本身也只是一种体验。不要回避它，因为人一旦得知自己终将一无所有，固化思维定然会挣扎，固化思维就是以“我必须拥有什么”为基础的思维，你也不需要理性地分析为什么我们一无所有，因为不拥有什么意味着你不需要背负什么。你能做的，就是再次明确自己不过是个普通的生命体这个事实。

为了便利，许多人在内观过程中会把自己想象成一棵老树、一块在海边的巨石，但这本身只是方法的问题。请注意，你不可能通过一次内观就改变内心，你也不需要去改变内心，**内观的最大作用，就是让你能够集中注意力，调整你的神经，延伸你当下的时间，让你集中在自己必须要采取的行动上**。正如我之前所说，如果没有行动的方向，冥想就不会有大的效果。内观的时间不需要固定，它也没有固定的姿势和仪式，关键在于你能有多少时间坐下来，让它成为你体验生命的行为之一。

2. **扫描固化思维**。在心理学疗法上有扫描负面情绪的说法，洞察内心存在的负面情绪，一一将它们暴露出来。然而，这种方法只是心理咨询师一厢情愿而已，就好像认知心理学要求患者不断记录自己的想法一样，没有真正的疗效。事实上，所谓焦虑、恐惧、抑郁，只是我们人为赋予的概念，它们并不存在明显的边界。焦虑和恐惧尤其如此，它们相互杂糅，你中有我，我中有你，就神经症来说，根本没有单纯的焦虑或恐惧。如果你看到一条蛇而感到恐惧，那不是神经症，是你的自我防御功能在发挥作用而已。情绪和感受只是一种副产品，正如身体的疼痛，比如你的手指被针扎了一下，你会迅速包扎伤口，至于疼痛，我想你也不会过多在意，因为伤口好后疼痛自然会消失。你不会绝望地想，这次好了说不定下一次手指还会不小心被别的什么东西扎破，并为此恐惧不已，那叫杞人忧天。为什么到了精神层面，就不一样了？正如我前面所说，我们在成长过程中不断受到环境的暗示，因缺乏思辨能力而积累了大量的固化思维，神经症的负面情绪源于固化思维，这是我个人在和神经症相处过程中的总结。既然如此，你能扫描的就不是负面情绪，而是你的固化思维。请注意，我这里讲的固化思维和自我管理学中的定义并不一样，虽然它们有重叠的部分，但其组成部分不太相同。

正如我在前几章所讲，固化思维是由身份认同和道德感及其他部分组成的。这里的“其他部分”除了自我防卫和瘾症，也包括特殊的经历、童年创伤等，它们的确会造成一定程度的神经症，但并不具备普遍性。传统心理学的局限在于过分放大了其他部分的作用，精神分析学派甚至想从患者的梦境中去寻找患者发病的原因，个体心理学则希望通过让患者回忆童年的经历来寻找突破口，许多心理学流派甚至用上了催眠等五花八门的手段。每个有心理学常识的人都知道，心理学本身就源于神秘主义，弗洛伊德、荣格等人多多少少都和神秘主义有着某种观念上的联系，荣格甚至是神秘主义符号的研究专家。这在两百年前是个无可奈何的事情，但在神经症越来越普遍化的今天，我们就必须正视这个事实：并不是所有的焦虑和抑郁都和童年经历以及特殊创伤有关，即使焦虑有遗传的因素，也并不意味着焦虑症会成为必然。**我们要学会和焦虑相处，而非消灭它**。把重心移到身份认同和道德感上，才会明白神经症于当今社会的普遍意义。我孤陋寡闻，还没有看到哪位专家做过如此论断，因为心理学太注重个人的治疗，忽视了它的社会性影响。弗洛伊德晚年曾经试图用精神分析去解释人类文明，这种努力具有极大的意义，可惜他的精神分析并没有遵照一定的科学原则，反而变成了宗派寓意和个人权威的典型。

与其他部分相比，身份认同和道德感具有普遍意义，几乎牵涉时代和环境的每个特征。就个人而言，扫描固化思维等于扫描环境在内心留下的烙印。你在任何时刻、任何地点都可以这样做，通过观察身份认同去洞察自己的傲慢、偏见、自卑与无力，这些感受源于你对自己的身份要求：**你需要自己去做一个优于他人的人，**这与现实形成了强烈的冲突，傲慢和自卑是一体化的，前者始于对他人的防御，后者始于对自己的失望。你没有正确地评价自己，以别人为参照对象不断地产生各种感受。这时候，你需要质疑这种比对行为，明确自己真正的行为和方向。“比他人更强更有优越感”不应该成为神经症患者的人生方向，去除身份的认同后，我们无非是学习如何有效地体验生命。同时，通过扫描道德感去洞察自身存在的欲望与道德的冲突，意识到所有的道德观念不过是环境的暗示，我们唯一能做或者唯一需要做的就是在尽量不伤害别人的前提下好好珍爱自己。你完全可以讨厌一个人，讨厌一件事，不需要尽善尽美。如果你觉得自己因为讨厌一个人而认为自己不太善良，甚至认为自己的性格当中有极恶的成分，那么，你就又成了二元论的受害者，因为用善良和丑恶都不足以形容一个人，而你也不过是普通人中的一员。经常将这些固化思维拿出来在太阳底下晒一晒，你迟早能够站在另一角度去洞察它的存在，一旦你知道了固化思维的存在，它要控制你就需要花费一些力气了。

3. **自我问答**。我不止一次说过，神经症产生于内心的冲突。一个人内心当中没有关于“自我”的矛盾，就不可能产生神经症。这意味着你也许还会焦虑，但你的焦虑不再是扭曲的情绪。我们说的心理健康，并不是说这个人不再拥有负面情绪，而是负面情绪产生后会自然消亡，不需要过多在意。比如孩子生病让你焦虑，那么等病好后这种焦虑就会消失。但神经症患者并不是这样，孩子明明身体健康，他也会沉溺在孩子万一哪天会生病的恐惧中不能自拔。这种界限是很明确的。事实上，他并不是真的害怕孩子会生病，是因为他想要控制孩子的健康而不可得。这种不可控的局面让他恐慌，更进一步，就固化思维来说，他想做一个完美的家长。固化思维让他认为，如果不能确保孩子的健康，自己就是不合格的。如此高的标准和现实形成了强烈的冲突，焦虑症就会难以控制。要厘清固化思维，更加客观地辨析内心的矛盾，除了正念冥想与扫描思维，自我问答也是一种比较好的形式。不少人都有这样的感觉，某些时候自己会变成两个人，各执一词，争论不休。当然，这不是人格分裂，也不是所谓的双重人格，只不过是内心冲突的外化而已。这种冲突是二元论的集中体现。我们可以把双方冲突的内容进行记录，并作为第三方予以审视。

我在《请珍爱这样的自己》中就有一篇专门记录自我问答的文章，通过自我问答发现矛盾并将矛盾直接摆上桌面。心理咨询师很少主张这样做，因为在治疗过程中，他们有角色的替代作用。合格的心理咨询师应该不是参与者，而是引导者，患者从来都是自救的，咨询师只不过是起到了穿针引线的作用，让患者把自己都没有意识到的问题暴露出来。但在中国，并不是每一个人都能去找心理咨询师，何况并不是每一个心理咨询师都能起到相应的作用（浑水摸鱼者大有人在），所以通过自我问答，能够在一定程度上起到自救的作用。自我问答可以用笔记录，也可以采用录音方式。这样的好处是我们可以回溯，去观察这些问题背后的思维运作方式。它最大的特点是，能够突破固化思维设置的陷阱，即：**我现在冒出的念头真的就是我的想法，我现在采取的行为一定是出于我的个人意愿，如果不是，我也得找出理由证明它是，否则我就不再是我自己**。因为思辨性思维和固化思维不同，它是分层级的，通过审视自己的想法，得出哪些是由于环境的暗示，哪些是符合自身发展方向的，哪些是欲望在背后作祟，哪些又是直觉和本能做出的判断。思辨性思维一定是立体化的，它相当于一个精神世界的宇宙，思辨性思维能够直接用思维导图进行分析。它和纯粹理性思维不同之处在于，能够客观看待情绪的部分并承认感受所发挥的作用，并把它作为一个层次进行归类。同时，思辨性思维还有一条主线，思维就是围绕这条主线上下波动的曲线图，**这条主线即你行动的方向和人生的态度**。比如我的主线就是这样的：人生即一个生命体在特定的环境中的体验过程，生命中所有发生的事最终会化成体验，以经验和感悟的形式留在我的精神世界中，而我依据这样的经验和感悟去观察、去思考、去表达、去创造，这是我作为一个生命体而非某个标签，在自己的人生过程中所能做的最有趣的事情。

生命体不是某种概念，而是一种客观存在。正如不存在同一条河流，这个世界上也不存在某个恒定的“我”，许多修行者之所以抛弃自己的财产和家人，甚至是自己的名字，就是想去除环境给予的标签，重新回归生命体。但在固化思维中，“我”这个概念在语言体系中是最难以消除的，强制消除会让我们陷入无所适从的境地。我们不需要如此绝断，我认为，拥有珍爱的人也是生命体的一种体验，哪怕这种体验最终以“苦”的形式呈现，比如亲人注定要离去，孩子注定要成长，甚至自己要面临伴侣背叛的风险，但作为体验，它是独一无二的。有了这条主线，自我问答就不会失去方向，哪怕是围绕一个具体的烦恼进行自我问答，最终的落脚点都在这条主线上。明确了这一点，情绪和感受就变得不再重要，它们可以存在，但对你我的价值远没有想象中那么大。我们就会改变仅凭直觉和本能去感受、去行动的习惯，固化思维就会土崩瓦解。

下面是我就自我问答举的一个真实例子的节选：

A：今天上午我的表现非常糟糕，甚至显得很愚蠢。我发现自己在某些人面前做不到落落大方，显得很幼稚。这种感觉令我非常不舒服。

B：具体来说呢？

A：比如今天我在公开场合发言时，对方评论的几句话让我非常不安。他明明是表扬我，但我在接受表扬时显得有些局促不安，好像一个小孩。我总觉得，我为什么要接受他的表扬？他难道比我更厉害？但是，这不是他的错，我总觉得在他面前有些自卑，他落落大方的表现让我感到有些自卑。

B：所以你对自己的表现不满意？那怎样的状态才是让你满意的？

A：能够做到不在意别人说什么。

B：也就是说，你想要活出自我，对吧？

A：应该是这个意思。

B：你确定这个想法是对的吗？

A：我不知道，但我知道你想说什么。你会说，让我们看一看，这是不是受了固化思维的影响。

B：哈哈，就是这样。让我们来看一看，你是不是和对方进行了强烈的比对，并得出你不如他的结论？

A：我承认这一点。但我不知道怎么办才能消除这种感觉。

B：这种感觉很重要？

A：这种感觉让我不舒服，刚才我已经说过了。

B：所以你想消除这种感觉？

A：应该是的。

B：你不觉得这种感觉只不过是人生的一种体验？

A：如果是，我也不想要这样的体验。

B：也就是说，今天你进行了发言，但你感觉不舒服并不是因为发言本身，而是别人的反应。你希望别人的表现符合你的预期。但是，你从出生到现在，谁的表现全部符合你的预期？

A：你是说我想要控制别人？

B：我是说你想要全面地掌控局面。不这样做，你会觉得不舒服。但你能做到吗？

A：当然做不到。但我感觉不舒服！

B：请问你现在能控制什么，是自己的想法还是行为？

A：我想应该是行为。

B：那你应该忍受着这种不舒服的感觉去做正确的事，比如马上开始写作，或是想办法摆脱这种感觉。前者是你马上能做的。

A：但我受了这种感觉的影响，写不出来。

B：你的目标是写出来吗？我记得你的目标是写完1000字，而不是写出符合自己要求的文字。即使写了一堆垃圾，你也完成了目标。

A：那有意义？

B：你在不舒服的感觉下完成了自己的目标，这就是意义。仔细想想，很少有人总是感觉舒服的吧？你要在舒服的感觉下才能写作，要在别人面前总是落落大方，要每一个人顺应你的要求，你的要求似乎很高。

A：好吧，我承认自己陷入了儿童思维模式。

B：不管在怎样的状态中，你去除所有的标签后，作为一个生命体，你的方向在哪儿呢？

A：我想有独属于自己的人生体验。忍受着种种不舒服，去做自己该做的事，才是我人生的常态。

B：恭喜你。只要行动正确，感觉什么的就随它去吧！

……

4. **刻意练习**。这种练习方法原本用于学习某种技艺，但我认为就神经症患者进行思维训练来说同样适用。它是由美国心理学家安德斯·艾利克森首次提出来的。但请注意，刻意练习并非他所创造，他只是告诉我们，普通人通过刻意练习也能够达到天才的程度。在《刻意练习》一书中，安德斯·艾利克森用莫扎特等人的例子告诉我们，所谓的天才并非天生的，每一个人如果用合适的方法同样能够达到天才的程度，同时他为此做了不少技艺方面的实验，比如记数。可惜的是，作为心理学家的他，并没有在这本书里涉及刻意练习在神经症方面的运用。坦诚地讲，我在阅读这本书时并没有想成为记忆大师、国际象棋高手或者小提琴演奏家，而是因为刻意练习的方式和我的思辨能力训练有着不谋而合的地方。尽管它是以练习为前提，但这种练习绝非刻板的重复训练，而是以明确的方向、特殊的思维方式以及运用大量心理表征为前提的训练方式。

刻意练习分为“舒适区”“学习区”和“恐慌区”。大部分普通人在练习时，习惯重复在“舒适区”进行练习，所谓“舒适区”就是指那些大量自己已经掌握的动作和思维模式。而“恐慌区”则是我们暂时达不到的区域。这两个区域的中间地带被称为“学习区”。安德斯·艾利克森认为，我们只有在“学习区”中不断锻炼，才能取得明显的进步。那么，如果我们把“舒适区”作为固化思维，把“恐慌区”作为我们虚拟的未来以及完美的自己，那么中间的地带则是我们进行思维训练的场所。我们目前的处境是：不断地重复着“舒适区”里的习惯，却为自己不能到达“恐慌区”而进行自我折磨。根据刻意训练的原则，我们必须把学习的对象具体化，它是一种行为训练。事实上所有的思维训练都只能通过行为训练来呈现，哪怕独处，也是一种行为。

在开始刻意练习之前，我们必须寻找动机，包括前行的理由和停下脚步的理由。如果你的动机是治疗焦虑症，它就不成立。但如果你的动机在于改变自己的固化思维，培养自己的思辨能力，就有了行动的前提。因为从心理层面来说，并没有一种真正的疾病被称为焦虑症，更没有某一种方法能够消除焦虑。但是，培养自己的思辨能力并不具体，你还需要在自己的行为模式上寻找改变的具体因素，比如减少接触网络信息的次数。许多人也许会觉得这样的理由根本不需要所谓的刻意练习，当下就能做到，这是因为他们还不够了解固化思维。事实上我们大部分人都有一些“瘾症”，接触哪怕毫无价值的网络信息，就是很典型的表现。也许你会注意到，减少次数只是目的，不能算作一种行为，所以我们惯常的做法是寻找一个行为去代替旧有的习惯。也就是说，在不上网的时间你应该做什么样的练习，如何观察自己的思维运作。一旦新的行为成为一种习惯，这个习惯就能影响你的思维模式。比如你准备用阅读代替上网，绝不是简单地拿起一本书，而是要观察思维模式在改变中的反应。

一开始，你会显得极为不安，好像不打开电脑或手机，生命中就缺失了什么。这就是“瘾症”的表现。在阅读过程中，这种感觉会不断地搅扰你，打断你阅读的注意力。你会想起微博中是不是有人发了私信给你，是不是好友的朋友圈有了更新等。你可以顺便记录这种念头出现的次数。但是，按照刻意训练的原则，你不应该一开始就打算把所有的空闲时间用于阅读，因为你的目的并非阅读，它仅是一种思维转换的训练。如果你把阅读的时间设定为 1 个小时（哪怕是 10 分钟也行），在这 1 个小时内除了读书，不再触碰任何电子产品。等 1 个小时结束，你就可以对训练成果进行总结。其余时间你想做什么就尽管去做，不需自我约束。

专注、反馈、纠正，是刻意训练的三个阶段。在训练过程中，**你务必做到专注，**如果被其他念头打扰，也要强制性地回到阅读上来，但不要把希望寄托在产生阅读快感之类的事情上来（因为那是自然发生的过程）。我甚至建议，如果你打算用阅读代替上网，那么在这个训练过程中尽量不要去读小说，可以读一些专著，如心理学、哲学或者科普类的文章，如果你认为自己的知识结构还难以理解这些知识，至少你可以读一读人物传记或者历史类图书。原因很简单，这些类型的书会侧重分析而非情感传播，对你的思辨能力有帮助。在规定时间结束后，我们就要**寻求反馈**，即在阅读过程中你出现了哪些问题、哪些想法、哪些不合规的动作等，还有，阅读的时长是不是超过了你大脑的承受范围。**最后是纠正，**即你分析用哪些方法可以改变或者缓解这些想法和习惯，如果 1 个小时的阅读让你疲惫不堪，下次你就可以缩短到半个小时甚至更短，就微习惯来说，时间根本不是问题，去做就可以了。

当然，阅读只是我举的一个例子，你完全可以做其他的训练，只要它能影响或改变你的固化思维，都是有益的。如果你的目标是增强自己的自控力，这种训练就更有必要。《刻意练习》一书中特别强调“心理表征”在训练过程中的运用。作者说：“我们拥有适应能力的大脑，在响应刻意练习过程中会发生的重要转变，就是发展出更好的心理表征，它反过来为提高绩效创造了新的可能性。”比如你在阅读过程中想象谁的微博又更新了，就是一种心理表征，但它是旧有的，就是这种心理表征想要将你拉回旧有的习惯。你需要建立新的心理表征，我的习惯是：将新的习惯想象成某种和过去完全不同的节奏和旋律，比如旧有的习惯是听摇滚乐，那么现在我将沉浸在古典音乐的氛围当中。这种心理表征让我在阅读中增强了注意力。但心理表征因人而异，一定会有属于你的心理表征存在，你需要的是把它给找出来而已。

以上介绍的四种思维训练方式是我个人在思考过程中的学习和总结，并不意味着适合所有人。我能够肯定的是，只要你想要训练思维，就一定存在适合你的方式。其中还有不少技巧性的方法，比如在说话过程中尽量不要使用带有感情色彩的词语，尽量只叙述客观发生的事实；比如在情绪失控时进行思维阻断，用一句话反复提醒自己，摆脱“感受即存在的幻觉”，将自己引导到思考与行动上来；比如学习极简的生活方式，将没用的东西全部扔掉等。请你注意，单一的方式并不能改变思维，但如果在行为过程中有改变思维的主动性，这些技巧就能发挥较大的作用。你时刻都不能忘记自己行动的目的在于培养思辨能力，改变对世界和自我的认知。在锻炼思维过程中，我们要把自己当成小学生，通过学习和训练改变用直觉和感受去行动的方式，以此提升自己的心智。

长久的训练定然是艰辛的过程，但如果有一天，思辨思维成为我们的习惯模式，化成了你的本能，不管你遭遇怎样的困境、面临怎样的挑战，都不会长期沉溺在“感受”当中难以自拔。因为面对这个世界，你已经拥有了自身作为生命体存在的自信。神经症患者往往追寻快乐，以为快乐能够解决任何问题。但如果你运用观察、体验、思考和行动去诠释自己的人生，会发现艰辛的过程恰恰蕴含着发自内心的快乐，而这种快乐和感官之乐不同，不需要借助外界的环境，不需要被某个人爱上，不需要被领导赏识，**它就像你内心培育的一株苗木，你所有的快乐都建立在它长大的过程中，它就是你**。这就是所谓的思维之乐。如果我们睁眼看一看这个世界，看一看周围的人，你会发现他们从早上起床到晚上睡觉，大部分行为都遵循着本能和感受，他们所谓的思考充其量只是一种智力的角逐，他们的处世方式哪怕再高明也只能称之为策略而非智慧，他们把这个世界的所有观念作为一种理所当然的存在，遗忘生命的体验，回避生命的短暂和死亡的必然，想要通过策略让自己处于生活的顶点，以为在那里就能够永远地享受感官之乐。他们从来没有创造过属于自己的独特人生体验并为此感到自豪，也从来没有一刻享受过这种思维之乐。

作为神经症患者，你一开始就不存在所谓的生存策略，焦虑和抑郁早就抹杀了你的感官之乐，即使你真的处在所谓的“生活顶点”，那里的风景也不见得能够吸引你。你敏感的天性早就看穿了这一切，你迟钝的身体却迟迟不肯接受。被神经症折磨的你，从来都不会满足于感官之乐，不，**恰恰是感官之乐塑造了现在的你**。那么，从现在开始，由你自己创造你自己，你在学习过程中培养的思维就是你的财富，就是你快乐的源泉，就是你人生当中最宝贵的独属于自己的人生体验。

# 10 智慧平衡
## 提升心智的四个维度

赫胥黎

人们感到痛苦不是因为用笑声代替了思考，

而是他们不知道自己为什么笑以及为什么不再思考。

通过以上几个章节的叙述，我们已经明确了应对固化思维的基本方式，**即通过观察、体验、学习和行动，建立思辨思维，改变旧有的认知**。对大部分神经症患者来说，假如你能践行“认真”二字，通过一段时间的思维训练，迟早能摆脱内心的冲突。还是那句话，这些方法不太可能消除你的焦虑，但也许能够让你改变“绝不允许自己焦虑”或者“焦虑不正常”的想法。对我而言，这就足够。

我曾说过，治疗神经症的过程就是提升心智的过程，这和改变自我认知的过程几乎一样。这些年来，我深深地感受到，对神经症患者来说，提升心智是非常急迫的一种需求。不是因为他们的心智较常人低下（事实恰恰相反），而是**如果没有成熟的心智，仅凭智力和策略生活，他们就无法应对因神经敏感造成的痛苦**。提升心智并不是仅仅针对神经症患者的要求，对这个社会，甚至对整个人类来说，或许都太重要了。因为从人类历史来看，我们是采用“单脚跳”的方式前进的。

我不是一个喜欢说“人心不古”的人，也不认为以前的一切都是美好的，是科技、工业毁坏了一切。我们必须要承认，时代的发展给我们人类带来了前所未有的福利，我们已经很少担心孩子会夭折，妻子会难产，某一次小小的流行性感冒也不会让我们大惊失色，尽管医疗设备还不完善，但大部分人都能享受到相应的基本待遇。因为雾霾，因为艾滋，因为核武器和温室效应，我们就否认现在的一切而单纯认为以前的生活多么悠闲美好，是一种极端无知的观念。

但这显然还不够。我固执地认为，衡量人类最终发展的不是科技，而是思维。科技本身并没有善恶，关键是看它被掌握在谁的手中，是用它制造武器还是教育孩子。人最终面对的还是自身的问题。试着想一想，如果一个古人，比如苏格拉底，比如孔子，他们穿越到了现代，会怎么看我们这个时代？他们一定会为我们取得的各种成就感到震惊，当他们站在路边看着一辆辆车飞驰而过时，也许会以为这里是天堂，是神的国度……但很快，他们就会发现另一个事实：这些坐在车里安然享受着现代科技福利的人，其思想的苍白程度也令人震惊。

这就是我所说的“单脚跳”的意思。几千年前，人类的文化普及率低得出奇，孔子的时代一本书兴许就得用一辆牛车来运送，苏格拉底的时代从来不讨论有没有神，只是纠结于要选择怎样的神……很少有普通人能识字，更别提写作。但这丝毫不妨碍那个时代涌现出一大批拥有思想深度和广度的思想者。而这种深度和广度，到我们这个时代，不是增强了，反而是削弱了。

客观地讲，人类的心智并不是没有发展，文明一直在慢悠悠地前进，妇女地位的提升、孩子权益的保障，都在证明着这一点。但和飞速发展的商业相比，差距并不是减小，而是进一步加大了。其表现在于：我们几乎丧失了思考能力。在这里我指的是对内心探索的自发性，而不是扩展生存策略的能力。但又有一部分人莫名其妙地把这种现象怪罪于现代科技的发展。诚然，快节奏的生活方式使得人们无心停下脚步，但科技就一定意味着快节奏吗？

其实只要你仔细观察，就会发现这一切根本不是科技的错。如果科技和人们的心智能够同步，人类发展的现状绝不会像现在这样不均衡。事实是，占据主流意识的那群人从来不在意所谓的心智，不，他们甚至害怕这种探索，因为这势必会扰乱他们的利益。承担心智提升任务的从来都不是这群人，整个世界哪怕没有战争，也陷入了不断比赛、不断竞争的局面。这种局面在人类历史上一直没有改变过。

•

我只是想提醒读者意识到这个问题：这个时代最缺乏的就是思考的深度和广度。当每一个人都忽视这个问题时，“单脚跳”前行迟早会有跌倒的一天，而那一天绝不是科幻作品中所说的地球被污染，或者被外星人入侵，而是一种改头换面的新的阶层的不平等——我们这群人迟早会尝到丧失思考能力的苦果。现在我们喜欢讲创新，讲管理，讲人才，但却不再提及真正的属于人类本身的智慧，甚至把“智慧”这个词用于数字化发展的环节当中，比如“AI”。我们甚至担心有一天人工智能会取代人类的地位，但比起思考深度和广度的弱化，这几乎不能算一个问题。比起人工智能，那些具备高等智力却不具备智慧的人更让我觉得恐怖。

追求心智成熟永远不是个人的事。我们总是认为，历史上的灾难是人类贪婪、自私的恶的本性造成的，但去观察人类史上发生的战争，尤其是第二次世界大战，不管是法西斯还是军国主义，其统治者和参与者从来不认为自己是贪婪和自私的，他们甚至觉得自己的理由很神圣。这种可怕的“神圣”也体现在恐怖主义者的身上。历史用无数的血泪证明，**让一个心智极不成熟的人站上历史舞台是极其可能的，**甚至是我们用一张张选票选出来的，选票背后代表的是我们的感受而非思考。在我们这个时代，人们似乎都期望着被蛊惑，一旦有一个他们认为极其正义的理由，就会毫不犹豫地去伤害别人。无数的网络暴力已经证明了这一点。

如果个体之间没有基本的心智沟通能力，个体就永远无法阻止这样的事情发生。这种能力并非共情，因为共情是最容易被欺骗的。我们不要忘记，希特勒能够用一场演讲去激发无数年轻人的共情，最终让他们心甘情愿地当炮灰。这种能力是质疑，是独立思考，是多元化思辨的能力。只有这种能力变得普遍化，人类才能改变“单脚跳”的历史。

•

我不是一个心理学家，只是在学习过程中，这样的担忧会时不时跳出来：这个世界曾经有无数的伟人，但没有一个伟人能够真正地改变这个世界。早在 20 世纪中期，赫胥黎就通过《美丽新世界》进行了预言。在电视媒体出现时，《娱乐至死》成为一版再版的畅销书，但这丝毫不能阻止世界的“正常”运转，如今，电视作为媒体早就落后了，网络让“娱乐至死”发挥到了更极致的境地。人们已经太累了，所以不再通过思考加重自己的负担，他们企图通过娱乐去放松，比如看一场爆米花电影远比看一本书来得舒服，毕竟生活已经令人如此疲惫。但是，他们不知道，看电影发出的笑声并非发自内心，只是大脑对外界信息的刺激做出的反应，那仅仅是出于动物的本能，正如狗看见骨头会流口水。这种反应对放松毫无用处，**所谓放松只是不堪社会压力而主动放弃心智成长的一种借口**。能真正改变世界的是每一个过着普通生活的人，只要他们具备基本的思辨能力，不再人云亦云，学会独立思考，能够分析现象背后的本质，许多灾难就能避免。但我们主动放弃了这种权利。

基于此，我还是想狂妄地谈一谈关于智慧的话题。哪怕这个话题只能传达到一个人的心里，引起他的思考，也是有价值的。

当一个人的心智成熟到一定程度，他会对世界和自我产生独立的认知，会去思考未来的走向，会站在更高、更立体、更开放的层面去观察生命体和世界的关系。智慧是一种隐性的创造，它并不直接产生GDP，也不能改变环境，它不过是一种成熟的认知。这种成熟的认知会通过一个人的行为表现出来，它指导着行为，但并非像斯多葛学派一样以纯理性作为依靠。他还是一个普通人，拥有人的本能和欲望，但能清晰地观察到这种本能和欲望在身上的运作。他既不排斥也不放纵，而是能够通过认知建立一种平衡，这种平衡的能力正是智慧的体现。

•

要达到这种平衡，我认为人的心智必须具备四个维度：

**第一个维度是从感受跨越到行动，在行动中体验过程。**达到这个维度的人，会摆脱用直觉、感受甚至是情绪来判断是非的思维习惯。这不代表他没有直觉、感受或者情绪，而是他能正确地估量感受的价值，不会把它作为自己行动的依据。当观察到一种现象，他不会迅速地产生评价的冲动，因为他对自己的评价是审慎的。他会通过观察、体验、思考去推测现象背后的本质，这就是独立思考的能力。这是最基础的维度，他所能思考的大部分是与自己有关的事情，比如自己人生的方向、自己面临的处境、自己承受的苦难。它是思维的一颗小小的种子，在它生根发芽的过程中自己要面临各种各样的痛苦：孤独感、无尽的迷惑……在解决问题的过程中会产生更多的问题，这些问题之所以没有吞没他，是因为他会一遍又一遍地明确“感受”作为一种本能，根本没有什么重要的作用。所以，他即使痛苦也不会被“痛苦的感受”

吞噬。每一次遇见个人发展的难题时，他同样会焦虑不安，但这种基础思维模式能够产生非常有效的应急措施：**再恐惧、再不安、再焦虑，先把眼前的事情做好**。生活的意义就在于把眼下的事一件一件地做好。哪些是不得不做的，哪些是自己想做的，哪些既不是自己想做的也不是不得不做的。最后这一项正是环境暗示和洗脑的结果，占据了我们大量的精力。通过把聚焦点转移到行动上，他的内心才能越来越强大，越来越自信。在思考、体验的过程中，他的方向越来越明确，他的行动也越来越果断。这也再一次验证了这个维度最基本的论断：**感受从来不会帮助你完成任何事，也不可能帮助你变得更快乐。快乐不是你的目标，甚至自信和强大也不是，你只是在行动中体验生而为人的滋味。**

**第二个维度是从感官之乐跨越到思维之乐，全面认识苦与乐的关系**。现在很多专家都会对焦虑症患者说，焦虑是可以用药物治疗的。其实，药物治疗的实质就是抑制神经，且不论它的副作用，如果明白焦虑产生的原因，就应该明白这不是治本的行为。也许在生理机制上，你可以做到“不焦虑”，但你的固化思维还在，只要药物一停，焦虑定然会复发，因为它本身就没有得到治疗。这也是抑郁和焦虑复发率如此之高的原因。

焦虑是我们必须面对的难关。通过第一个维度，你或许能尝试着在忍受焦虑中行动，去做符合自己人生方向、能够创造自身价值的事情。但我们必须承认，这种忍受是极其痛苦的，以至于许多人认为自己这一辈子再也不可能尝到快乐的滋味。但对于什么是快乐，我们的理解却并不全面。老子认为，苦与乐是一体的，快乐本身就包含着痛苦。请别认为我又要灌输心灵鸡汤。**事实上，这里所说的快乐，多半指的是感官之乐。**

回想一下，就会发现大多数时候，我们追求的快乐无非是感官的刺激。我们不去评价，只是分析它的本质，会发现追逐感官之乐从来没有带给我们什么像样的结果，相反，大部分的环境暗示就是透过感官刺激的诱导进入我们脑子的，它的暗示在于：你这样做就会快乐。但结果却恰恰相反。不过，我并不是要全面抵触感官之乐，毕竟快乐与痛苦不是对与错的二元论，我们需要用更开放的心态去看待这个事实，不能像某些苦修者和禁欲者一样把感官之乐一棒打死。事实上，这还是一个平衡的问题。如果遇到一顿美食，我们一边流口水一边拒绝，就变成了偏执的人。同样，吃过这顿美食后我们天天想着它，看到眼前的饭菜都讨厌，这就变成了被感官牵着鼻子走的人。这两者都不可取。

感官之乐的有无并不是我们生活的目的，有时不过是我们想显摆一下自己的优越感而已。重点是，我们作为拥有高级思维能力的生物，还存在另外一种快乐，这种快乐不需要依靠外界的支撑，只要我们有一个正常的脑子就可以。**我称它为思维之乐，是一种思考的愉悦感，一种探索自我的成就感，一种体验存在的满足感**。当我们聚焦于这种思维之乐，就会减少对物质的索取，减少基于身份认同的比较。因为，当你探索自己的心智时，就会明白自己存在的独特性，焦虑产生的“因子”就会丧失。当你能够将自己的内心作为一种客体进行分析和解剖（本书的形成恰恰是本人自我解剖的结果，而它实在是充满了各种思辨的乐趣），能够不带评价地梳理现象和本质，你的学习兴趣就会慢慢产生，你的思维能力就会渐渐增强，固化思维的恶性循环就会被逐步打断。这样，你不仅形成了独立思考的能力，而且会明白思考的乐趣是我们人之为人的象征——只有在思考的时候，你才真正地存在。

这个世界上，没有什么比拥有自我的精神更快乐的事，你每一天睁开眼都知道自己为了什么而活着，这是多么有趣的体验。退一万步说，如果你现在非常迷惘，那么，你今天睁开眼应该做的事不正是研究自己为了什么而活着吗？这同样是一件极为有趣的事，不是吗？忍受着各种外界的压力和内在的焦虑，只要一有时间就研究自己人生的方向，探索自己的内心，这也可以成为一个人生活的常态。（关于这一点，《肖申克的救赎》已经有了精彩的诠释。）思维之乐，无非就是观察内心，探索内心产生的充实的感觉，那是一种你真正在为自己而活着的感觉。**我们不是为了寻找某个结论，观察和探索本身完全可以作为你生活的内容，而这种乐趣只属于能够独立思考的人。**

**第三个维度是从孤立的现实跨越到遥远的时空，观察那个没有你的世界。**这话似乎有些拗口，因为它关系到我们内心的“格局”，而这一点恰恰是困顿于现实的我们所缺失的。心灵大师都告诉我们要安住当下，为什么我们要反其道而行之？因为我们一旦遗忘世界是动态发展的，固化思维就有了安身立命之所。

古罗马皇帝马可·奥勒留在《沉思录》中说：“面对发生在你身上的所有事情之时，不妨想一想那些一样经历过这些事的人们，当时的他们是多么苦恼啊，他们对遇到的这些事手足无措，他们认为这些是不应该发生的事：那如今这些人又去了哪里呢？到处也找不到他们的身影。”他总是一遍遍地自问：苏格拉底去哪儿了？奥古斯都去哪儿了？查拉克斯、德莫特雷斯、埃德蒙……这些人又去哪儿了？《沉思录》是写给马可·奥勒留自己的，他本人都没有料到这本书能流传几千年（估计也并不在意），所以我们才能从字里行间读出其发自内心的真诚。他的意思并非说我们善于遗忘，反而认为被遗忘才是正常的。

这里就有了时间的两个向度，一个通往过去，一个通往未来。**那**

**个过去是属于我们生前的，**在我们还未成为生命体的时候，这个世界上就已经有了别的生命体，他们和我们一样烦恼，而且烦恼的内容大致相同，这意味着我们的痛苦并非个性化，它本身并不能创造什么价值，你现在的所思所想，前人早就经历过了，无论你认为自己的生活多么悲惨、多么压抑，从久远的过去来看都没有什么了不起，而那些为此烦恼着的人早就烟消云散。而你，迟早也会追随着他们的脚步烟消云散。

我们是习惯遗忘的生物，不要说几十年前，哪怕是几年前的事，我们也早就忘得一干二净。仔细回想一下，你一天当中有没有几分钟会去回想过去？我不是指过去你曾有过的悲惨的经历，而是回想一下“你并不拥有过去”这件事。人类的历史那么久远，你在其中占了多少分量？你之所以不去想，是因为你认为这件事和你本人没什么关系。只有眼下的事才会和你发生联系。但真的是这样吗？你别忘记，你走的路前人也曾走过，也许你找不出一个一模一样的前人，**但所有人的综合体验中一定存在你出现过的感受**。而这些感受和时间相比不值一提，他们消亡了，他们的感受也会随着消亡。你也是。你的独特性，你的优越感，你的比较，你的安全感，和时间一比完全没有了分量。

**那个未来是属于我们死后的，**显然，我们死后，还会有无数未来的人会有一样的烦恼，哪怕人们的思考方式会变化，文明会逐步推进，但思维和感受却大致相同。你会对未来那些人说些什么呢？事实上，我所有思想雏形的起点就在于此。在我最抑郁的时候，就突发奇想，写了一封信给未来的自己。但我的格局可能还不够大，尽管如此，如果十年后再回头看我们现在在意的事情，也许这些事同样不值一提。你也可以去回想一下十年前你的烦恼，如今看来，它们还具有同样的震慑力吗？**要放大格局，回归常态，放弃你固化思维中拥有的无聊的**

**身份认同和道德感，最有效的方式就是认清你在时间中占有的位置。**

除了时间，我们还有空间的问题。不知道谁说过：我们的生活不止有眼前的苟且，还有诗与远方的田野。这句话的本意也许是让我们不要忘记对诗意的向往，但对只能苟且活着的我们来说算不上什么好消息，因为知道有诗和远方但永远去不了，人会产生精神疼痛。你不知道怎样才能去往那心中的圣地，那绝不是一场说走就走的旅行。为什么我们要把生活看作苟且？只因为它让你感到失望和痛苦吗？为什么诗和田野不能作为我们生活的一部分加以消化？你可以苟且也可以诗意，这两者之间难道水火不容？事实上，没有苟且的疼痛，哪来的诗歌？莱蒙托夫就说过，诗句是诗人痛苦的吟哦。把痛苦抛在后头，只在快乐中欢歌，这样的诗歌也未免太浅薄了。区别只在于有些人将痛苦化成了诗歌，有些人将痛苦化成了艺术，有些人将痛苦化成了事业，而更多的人将痛苦当作惩罚自己的一种手段。

无论我们走到哪儿，属于我们的空间都是有限的。我忘记了哪位诗人曾经说过，你视线所触及的部分就是你的世界。你的视线是有限的，在你所未触及的空间，同样不止是诗和田野，你认识不认识的人都在经历苦难。整个世界都充满了苦难。同时，根据以前的佛学和现在的量子力学，空间还可以分成无穷尽，大至宇宙，小至微尘，你需要在你的脑子里意识到，从空间上讲，没有什么事物不是微尘。这样一来，你的优越感和你的痛苦还算得了什么？关键在于，**我们能否从内心上接受和认可时空的无限性，并且把它和我们的生命体验联系在一起**。思辨能力可以扩大人的格局，让人的内心变得宽广。你每天睁眼的时候，想一想过去和未来的某个人曾走过或者即将去走和你相同的道路，想一想遥远的国度还存在和你有相同感受的人，然后再去观察一下自己的身份认知，也许内心就会变得不一样。请记住，**诗和远方是否存在和你关系不大，重点永远是我们眼前的苟且以及正在苟且的我们。**试着把苟且变成独属于我们的、饱含灵与肉的诗歌，难道不是一件极有趣的事？

**第四个维度是从体验跨越到创造，活出自己的人生。**如果说前三个维度都是思维的扩张，第四个维度则需要我们把扩张的思维表现在生活当中，用思维去指导自己的行为。无论你处在怎样的环境中，都可以利用自己遭受的一切创造出富有自我烙印的人生。我们试想一下，如果森田正马没有遭受严重的神经症，这世界上就没有著名的森田疗法，如果维克多·弗兰克尔没有经历过奥斯维辛的磨难，同样就没有意义疗法。苦难无法避免，这不意味着我们就是单纯的受害者。同样的环境可以包容不同的人生，而通过自我的改变，环境也会逐步改变。

但是，**改变环境从来不是目的，适应环境也不是，我们要改变的是对环境的态度，适应的是对自我的认知，**而这一切都集中在你的思维上。这当然是个渐进的过程，有时甚至会倒退。但只要你日复一日地观察自己的固化思维，从四个维度进行改变和训练，总体趋势定然是前行的。这种前行没有明确目的，只是注重过程中自我的蜕变。这种蜕变也没有明确目的，只是让你能够在当下活出自我。也就是说，无论在怎样的环境中，无论你有多少不得不背负的责任，有多少让你足以低头屈从的压力，你还是能在生活中彰显自我的特性，而不是成为别人生活的复制品。因为，你的体验和别人不同，你的行为也和别人不同。

当你抛弃了沉溺于感受的思维习惯，体验本身就能够极大地丰富你的内心，为你的创造提供坚实的基础。**所谓的创造，无非是把你观察、思考和学习的东西表达出来，**无论用怎样的形式。这并不是对神经症患者的要求，和焦虑、抑郁也没有多大的关系，如果你只想“独善其身”，转变思维模式只不过是想过好自己的生活，这也未尝不可，但如果你认为探索内心是极有趣的人生体验，如果你认为提升心智的道路对这个世界具有极大的意义，那么你势必愿意表达，而你的表达就是一种创造，它是有价值的。我始终觉得，表达是天性敏感者的天赋，因为我们都是一群喜欢表达的人。这种表达必须发自内心，必须是平等、公开的，它不是发表某种观点，更不是发泄某种情绪，而是以提升心智为核心的绝对真诚的探索。

把目光转向自我内心的人越多，思维就越精进，这个社会独立思考的氛围就会越浓，那么环境的暗示就会失去它的力量，我们就不会再受限于“单脚跳”的人类进程。这种创造是一种隐形的财富，它不是发明,但最终能够形成文明。科技能够促进社会结构的改变和进化，但唯有心智才能促进人内心的改变和进化。核弹头的存在绝不是人类的骄傲，但文学与思想也救不了正处在饥饿边缘的孩子，缺乏了任何一种都称不上人类真正的文明。东方的哲人早在几千年前就提出了“平衡”“调和”的学说，有趣的是，人类的脑子进化程度并不快，要用和古人差不多的脑子来处理与古代完全不同的信息，适应与古代完全不同的环境,破解比古代更为尖锐的人与自然的冲突,再也没有比“平衡”更迫切的命题了。思考和表达本身就是一种行动，如果大部分人都学会了思考和表达，我们根本无须担心行动。就我个人来说，并非将此当成一种必须完成的使命，我只是观察到了，现在表达了出来。这就是属于我的创造，这本书的每一个字都是我创造的结果。

我们用这四个维度去衡量自己的当下，就会知道学习的乐趣和意义。思维，尤其是思辨性思维，尽管我们能够拥有，却只能后天习得，这种习得不仅是在人生道路上跌跌撞撞所得出的处世经验，更是一种更为主动的学习、吸收和扬弃。所以我很难想象哪个人从来不读书、不喜读书却认为自己独具思想。那多半只是无知者无畏而已。不读书（不是指没文化）的人智力再高，充其量也只是一个谋略者、策划者，他当然能做一番大事业，能够富甲一方，能够成为以某个理论为噱头的所谓导师并且拥有一大堆拥护者，甚至在某个时刻能够在历史舞台粉墨登场，但是，他无法进一步扩大内心的格局，他和智慧是无缘的。哪怕他是一个像秦始皇那样的强者，也会在最终黯然收场，也会在死亡面前感受到自身的无力和恐惧，在期望长生不老的美梦中用咸鱼掩臭结束自己的一生。生命的可贵之处就在于，它不会因为你是所谓的强者，就真的再让你多活五百年。你最终都不过是个生命体而已。

当我们在思想中游移，尝试去探索智慧的边界，迟早会碰到生命中无法被描述的部分（《禅与摩托车维修艺术》中把这个部分称为“良质”，《西西弗斯的神话》中把这个部分称为“荒谬”）。智慧本身就是无法被描述的，但它明确地存在于这个世界。一个接受并具有一些东方哲学基础的人是很容易接受这种说法的，但以理性为基础的西方分析却不尽然，而现在我们的整个思想体系几乎都是以西方理论基础分析为主，即以概念、分析、判断、逻辑、归纳为核心的体系为标准，这恰恰是我们如今只能“单脚跳”的原因之一。

有意思的是，这套手法在艺术（比如文学）这类最接近人类心灵的领域中却不管用，我们明显感觉到有一套只可意会不可言传的东西在左右着表达，**艺术则是用有限的语言去挑战不可描述的概念无法穷尽的部分，**比如智慧，比如美，比如爱。而这一切却是我们生而为人，思想的最核心的部分，也是我们提升心智在最后阶段绕不过去的坎。

所以我所说的思辨并非思维的演绎，因为你的内心无法像组织和器官一样能够分类组合。它是多元化的，并不排斥和界定好与坏，只讲究平衡。它观照的是整体，体验的是整体，最终还是以整体为思考对象，让我们回归生命体这样一个单纯的客观存在。心理学不仅是实验数据支撑的自然科学，也不仅是靠理性逻辑支撑的哲学，它是我们探索内心的途径，应该要有一个像样的工具作为钥匙。我所说的这四个维度，也许有别于其他的科学方法，但它确实让我有了认知世界和认知自我的方法，借助这种方法，我们也许能够进一步接近心智。

我始终认为，文字之所以是一项伟大的创造，是因为它已经成为人类思想的承载者。思想是最廉价的，也是最无价的，就像阳光、空气和水。它原本属于每一个平凡活着的人，尤其是在苦难中挣扎，希望化蛹成蝶的人们。从这个角度说，我希望这个世界能够有更多的思想修行者，这是一种新式的修行方法，他并不期望死后的天堂，也不期望现世的圆满，他只想观照自己的人生，让你明白作为一个生命体是一个多么大的奇迹（只要你的祖先中某个人错失一步，就不存在你，这是多小的概率？），让你在渺小中变得豁达，在短暂中变得绚烂。他把自己的认知一一贴合在灵魂当中，去诠释自己，去武装自己，去释放自己。当你成为这样的修行者，就会变得清醒，会用思辨能力而不是单纯靠感受和情绪去选择自己生活的方式。有些心灵导师会告诉我们，上天让我们诞生于世，是为了让我们完成某个使命。我想这或许仅仅是人类的自傲而已。不，假如真的有上天，它将诸多元素拼凑成具备思维能力的你，也许不是为了所谓的使命，更不是为了遭受磨难本身，仅仅是为了让你体验生命本身的奇迹，然后在苦难中开花，最终坦然地落地成泥。

## 参考书目

（按在正文中出现先后为序）

《少有人走的路》 斯科特·派克

《高敏感是种天赋》 伊尔斯·桑德

《我的职业是小说家》 村上春树

《自控力》 凯利·麦格尼格尔

《如何化解内心的焦虑》 卡伦·霍妮

《这书能让你戒烟》 亚伦·卡尔

《乌合之众》 古斯塔夫·勒庞

《未来简史》 尤瓦尔·赫拉利

《刻意练习》 安德斯·艾利克森

《活出生命的意义》 维克多·弗兰克尔

《复活》 托尔斯泰

《自由》 乔纳森·弗兰岑

《明智行动的艺术》 罗尔夫·多贝里

《内在的探索》 阿玛斯

《荣格自传》 荣格

《永远幸福的科学》 泰·田代

《娱乐至死》 尼尔·波兹曼

《祝福》 鲁迅

《当自我来敲门》 安东尼奥·达马西奥

《进化的大脑》 戴维·J. 林登

《因是子静坐法》 蒋维乔

《自卑与超越》阿尔弗雷德·阿德勒

《什么是催眠》弗朗索瓦·鲁斯唐

《冥想5分钟，等于熟睡一小时》理查德·蒙迪恩&里克·汉森

《微习惯：简单到不可能失败的自我管理法则》斯蒂芬·盖斯

《人类简史》尤瓦尔·赫拉利

《美丽新世界》赫胥黎

《沉思录》马可·奥勒留

《禅与摩托车维修艺术》罗伯特·M.波西格

《西西弗斯的神话》加缪